经典通识讲稿

《尚书·尧典》解说

以时、孝为源的正治

张祥龙　著

三联书店

慢下来，静下来

"经典通识讲稿"总序

甘 阳

中国文化论坛在 2005 年于北京香山饭店召开的首届论坛曾以"中国大学的人文教育"为主题，对我国大学本科教育的现状以及开展通识教育的可行性作了广泛的讨论。那次会上许多学者专家初步达成的共识认为，我国大学的本科教育应该大力推动通识教育的发展，而通识教育的开展则应该首先着重建设"核心课程"，特别是"中外经典文本研读"核心课程。在此共识基础上，中国文化论坛委托我从 2007 年暑期开始先后与清华大学、北京大学、复旦大学、汕头大学等合作开办了每年一次的"全国通识教育核心课程讲习班"。讲习班的具体方式为每次请若干资深教师细读讲解若干经典文本，每天上午授课 3 课时，下午授课 3 课时，学员除必须参加上午和下午的课程外，还要求参加至少两次小班讨论（晚上）。目前这个纯粹公益性的讲习班已经连续举办了五年，每次接受来自全国各高校的正式学员二百人，加上旁听的人数常达四百人以上，对于传播推广通识教育的理念和实践起了相当大的作用。

这套丛书以讲习班部分教师的讲稿为基础，同时接受其他优秀的通识讲稿，目的即在让更多读书人分享通识教育的成果。我愿借此机会感谢这些热心通识教育事业的教师，感谢为历届讲习班提供教学场地和行政后勤支持的大学领导和同事，更要感谢参加历届讲习班的数以千计的学员。中国大学通识教育的发展有赖于大学领导、大学教师和本科生、研究生的理解和支持，幸运的是，现在这样的支持者正越来越多。

需要说明，中外经典文本细读当然不是通识教育的全部，而只是通识教育的一个部分或一个方面。我们之所以特别注重这个方面，说到底是希望重新树立认真读书的风气。经典阅读的第一个要求是：Slow down！（"慢下来"！）而不是快餐式阅读。我相信，当今教育的最大敌人就是弥漫整个社会以至大学校园的浮躁之气和急功近利心态，而通识教育就其植根于古典自由教育理念而言，首先必须提倡慢下来，静下来，克服现代人的浮躁气和功利心。许多历史悠久的欧美文理学院（liberal arts college）之所以今天仍然要求必修古希腊文和拉丁文，并不是旨在把所有学生培养成古典学家，而是希望通过学习这些并无实用性的古典语言让学生慢下来，静下来，从而成为能自由思考的自由人。

我想对所有的大学生说：大学四年，慌什么？毛什么？急什么？慢下来，静下来，开开心心读点书！

2012 年六一儿童节

目　录

讲　稿

附　录

讲

稿

本讲稿根据张祥龙先生在 2012 年 7 月中国文化论坛"第六届通识教育核心课程讲习班"上的讲课录音整理而成，经作者修订和增补。

早上好。今天来向大家解说《尚书》中的《尧典》。先介绍一下它在中国古文献中的地位，也就是它那不寻常的、以"第一"著称的历史地位。它是《尚书》的第一篇，《尚书》又是中国古代的第一文献（《周易》的卦象部分可能出现得更早，但文字部分要晚于《尚书》的前几部分），或第一书。当然还有《诗经》。涉及政论的古代文本，《尧典》是中华现存全部文献里的第一篇。再者，《尧典》讲述的是儒家承认的第一位、第二位圣人，即尧和舜。所以我们可以称《尧典》为中华文明第一典，其中阐发的是这个文明在很多意义上的源头，既是思想哲理的源头，也是精神信仰的源头，又是生存结构的源头和政统的源头。但是这个经典到目前为止好像还很有一些思想内涵有待于挖掘。它出现后的数千年里，思想者和学者们对它做过众多的解说，但其中还是有些重要的东西等待我们去发现，对此似乎也没有什么可自豪的，因为我们生活在新时代，有新的思想视野、哲理视野和人生的新体验，阅读这么古远、丰富的文本，有一些新感受很自然，无足为奇。但我还要再加一句，以下的解释，主要是从第四部分往后，与我所见到的几乎所有的当代解释，都很不同。不过，让我们先搭起讨论的架子来。

一《尧典》的真书身份

说到《尧典》的文本地位，就要说到现代疑古思潮。这个思潮的推动者认为《尧典》是伪作，也就是说，它不是尧舜时代流传下来的作品，而是战国至秦汉的儒者伪造的。此结论不能成立。由于判定它是不是伪作，会很大地影响到我们对于它的阅读效果，所以，虽然我不是考据行家，但为了往下讲，还是要依据其他人的研究成果辨析一番。

1. 两种疑古：好古之疑与恨古之疑

疑古有两种倾向。一种是好古之疑，是为了去伪存真，因为当事人太喜欢古，不能容忍假的存在。这是中国自古以来就有的，像孔子、司马迁等对于古文献的真伪取舍，都是非常讲究和严格的。尤其是宋代以来，一些学者对某些经典产生了怀疑，去辨析其真伪，到清代达到高潮。另一种疑古是恨古之疑，对中国的特别是儒家的古经典、文化源头，有一种来自于新文化运动或者其他方面的憎恶和鄙视。所以它带有强烈的西方文化背景甚至政治背景，于是便在一个要否定中华文化的现代生存资格的学术冲动及其视野中来怀疑古、污损古，定要将这个文化的经典或思想灵魂排斥到中国人和国际学人的现实关注之外。这种思潮被称为现代疑古主义思潮，虽然清末已经有苗头，比如康有为的"托古改制"说，但毕竟以新文化运动为其主动力和代表，其中顾颉刚先生是具体执行者中最著名者。很可悲的是，20世纪以来，疑古不但成了主义，还成了主流，到现在虽稍有缓解，但总的说来还很有影响。

李学勤先生的《走出疑古时代》很及时，代表学界的一种新走向。这首先还不是文化立场的改变，而是学术良知的恢复。为什么要"走出疑古主义"？主要因为这主义不真，它的方法出了问题。近几十年的考古发掘，证明疑古主义的基本方法是大成问题的，对中国古代文献的年代、内容和作者的判伪往往是错判，某种意义上疑古主义自己倒是很有些伪。疑古主义思潮是红白两道都曾鼓励推行的，导致现代中国人的古代意识全面地非经典化。因此，20世纪的中国是一个没有经典的国家，非常可悲，而想替代中国古代经典的努力，无论是红色经典还是白色经典都没成经。直到现在，中国人的精神状态还受到这个事实的极大影响。一个有着灿烂文明史的民族的信仰、思想、精神命脉被砍挖掉了，文化生态被极大地去森林化、去灌木丛化、去草地化，成了一片流沙。这么伟大的民族，全世界人口最多，活的历史最悠长，使用人类唯一存活下来的原创文字（另外三种早已灭绝），居然没有了自己的经典，这很麻烦，在世界文明史上非常罕见。这也是现代中国人面对异文化挑战——既有压迫式的挑战，也有同化式的挑战——的时候，为什么如此数典忘祖、手足无措的原因。西方民族有西方的经典，到西方上过大学，或进他们的教堂坐一坐就知道了。照理说，每个民族对自己的文化经典和源头都会尽全力保护，就像要保护大江大河的源头，这是一种文化本能乃至生存本能。犹太人更不用说，两千多年前就被打散了，但靠着经典，也就是把经典当成经典的坚贞，维系着散落在全世界的犹太人，最后居然实现复国复语——建立以色列国，恢复了希伯来语的日常存在。虽然从政治上如何看以色列是另一回事，但我很欣赏他们对经典的尊崇所产生的民族凝聚力，这太让现代中国人汗颜了。我们还应该看看印度、阿拉伯、日本对自己文化的看法。

从宋代到清代，好古之疑的一个重大成就就是否定了东晋梅赜所献的《孔传古文尚书》中的一部分的真实性，虽然对于这一结论，也不是没有争论。但是，一直到乾嘉学派，一直到孙星衍——乾嘉学派的集大成者，都肯定其中西汉时就有的二十九篇经文（对于其中《泰誓》一篇，有不同处理）是真书经，这里边当然包括了《尧典》。经过千年的反复批判审核，都认定这部分是真的。但疑古主义思潮就大不一样了。顾先生讲整个中国古代历史［的文本］，发生的次序和排列的系统恰是一个反背①，这是顾先生一个著名的创造。也就是说，文献次序上越是古的，像《尚书》中《虞夏书》中的开头几篇，出现的次序恰恰最晚，被判为是战国到秦汉间的伪作，甚至要拉到汉武帝中年以后。在中国古代，史官们大都是广义的儒家，所以儒家在华夏古代历史学上有最重要的话

---

① 顾颉刚：《古史辨自序》上册，北京：商务印书馆，2011 年重印版，第64 页。

语权，疑古主义学派则认为儒家史籍是系统制假造伪的结果，中国人自古以来就爱造假。"他们有小说家创作的手腕，有外交家说谎的天才，所以［造假］容易得很。"（《古史辨自序》，第 124 页）但是我觉得这不是一个实事求是的探讨。他已经拿这"反背"作为理论前提，再来求证（《古史辨自序》，第 1—9 页）①，所谓"大胆假设，小心求证"。因为其求证活动受到大胆理论的有力引导，方法上以偏概全，以今臆古，所以这个疑古主义思潮得出的不少结论，已被近几十年的考古发掘证明是不对的。比如考订出《老子》写于秦汉之际，甚至是汉代，钱穆先生都加入其中，这是时代思潮的影响；可现在挖出了战国中期的《老子》竹简。当年这么细密的考证，这么深厚的功夫，孜孜汲汲，言之凿凿，怎么会错了？是不是应该从方法上彻底反省了？所以现在学术界的气氛有重要的转变，李学勤先生只是其中的一位代表。顾颉刚先生的一些学生还在说老师是如何天才，但自己的观点都开始和老师

---

① 比如，顾先生刚说了自己的研究能力比崔述差得多，"自知要好好地读十几年书"（《古史辨自序》第 1 页），才有与之论辩的发言权，但下一页就提出那个反背的宏大理论，而且在那（1922—1923 年）之后去贯彻始终。读了顾与钱玄同等人的通信及他的《自序》，你会悲哀。中国现代史学的主流意识居然就从这么粗陋、武断的研究方式发端！

不一样了，因为实在是守不住了。

2. 《尧典》乃真典

按照现当代一些学者，比如王国维、胡厚宣、金景芳等人的研究，《尧典》中的一些内容不是后人可编造的。还有就是从古天文学角度的研究，前有外籍人士的工作，后有竺可桢为端的中国学人的研究。或主张《尧典》中"四昏中星"的记载，表明此篇的出现确是远古之时；或认为此篇的基本材料由来有自，写成至迟也就是商末周初，或西周，最迟不会晚于东周前期[①]，不可能像顾颉刚等人所言是战国至秦汉间、甚至汉武帝时儒者虚构的。而这里的关键就在于"虚构"、"杜造"或"伪作"的判断。恨古之史辨派乃至后来跟进者们从方法上错在了哪里呢？他们不明白，或故意不明白，古代著作和现代著作的出现方式、版权归属是很不一样的。中国古代著作和其他古老民族的古老著作一样，有一个形成的过程。往往开始时有一个或几个卓越人物，干出了伟大事

---

① 有关的研究概述，可参见武家璧：《〈尧典〉的真实性及其星象的年代》，载《晋阳学刊》2010 年第 5 期，第 78—82 页。

业，被人记住，或于某个古远的时期提出了著作中的主要思想。这些东西在口头或文本中流传，历经了种种变化，包括时代赋予的新色彩，但基本的事实、思想和倾向被保留了下来。这时，后人说此著作是记载这些事实，或就由此人或此群人创作的，就不能说是在盲认一伪作。比如人类迄今最早的文献《苏美尔神话》，是西元前 2000 年左右记录在泥板上的，但它在西元前 2000 年之前的一千甚至两千年间，就已经在苏美尔人口中流传，随着楔形文字的出现，才写于泥板之上。可以想见，它在流传中肯定经历了种种时代和地域赋予的变化，但苏美尔人认为这是他们祖先创作的神话，并不算错。这个神话传到巴比伦时代，巴比伦人将其改造，基本的内核都保存了，以一个新面貌出现。所以现在研究者们称其为"苏美尔—巴比伦神话"，也是对的。

完全可以设想，《老子》或《道德经》最初出现的时候，主要思想来自老子本人，即任"周守藏室之史"的李耳（见《史记·老子韩非列传》）。然后在他的弟子或后人手中，经过了改造，逐渐添加了一些东西，甚至也有少许失落。最后到了某个时代，形成比较确定的文本，后代就大致跟从这个文本了。比如到汉代，《老子》就大致定型了。我们今天又再次看到战国中期入土的郭店本（抄写年代可能更早），和今本《老子》的核心思想是一致的，但少了一些篇章和字句，思想反更纯粹。那些少了的篇章和字句可能是后人添加的，其中有些带有后来时代的特色，何足为奇？文本的流传是极其复杂的，就像血缘基因的流传。郭店本也可能只是战国时共存的多个《老子》文本中的某一个。如果是这样，那么汉代的《老子》本的来源就不止这一个战国版本。它可能是祖本之一，但也可能只是祖伯本或亲戚关系更远的本。如果情况是这样，那么郭店本中缺少的部分，也不一定就是后人加的。

总之，古文本有很多变形的可能，不能因为在《老子》中有一些话、一些词语乃至表达方式是秦汉时才会出现的，就判定《老子》不会早于秦。《老子》中出现了秦汉才能出现的话，并不能证明《老子》文本的核心思想、灵魂和真身是从秦汉才有的。也不能因为你现在看到的某个时间之前的材料中没有某一个提法或名字，比如"尧""舜""黄帝"，就断定历史上的相关时代绝对没有这个提法，因为有许多材料被秦火和亡国毁灭了（越早的材料被毁的机会越大），现有的材料只是残缺的一小部分，将来说不定从哪里再被出土。还需要考虑到的是，有些特别古老的作品，比如《尧典》，一直在口头流传，到它被书写下来时，已经比较靠后了，于是在表述方式或遣词造句上就可能带有较后时代的"今文"特色。这样，相比于在它之后出现而又被及时书写下来的作品，比如商代和周初的作品，它可能显得更有晚近的风格。因此，不能仅凭借文风是否"佶屈聱牙"来判定作品的早晚。至于那些依据所谓的"思想发展规律"，比如"从具体到抽象"，来下的判断，就更不足为据了。

顾颉刚先生的弟子李民、王健合著的《尚书译注》也承认，《尧典》"记述的一些制度和社会状况，比较真实地反映了氏族社会及其解体阶段的情况，是一篇有较高史料价值的古代文献"①。这就跟以前他们老师的讲法很不一样了，实质上已经放弃了顾的观点。这本书2000年出版，当时很多新证据已出现，包括上述的天文学上的证据，迫使他们不得不后退。但他们还是要说，《尧典》是在周初至秦汉间漫长的时间内逐步成书的。此话总体看可能不错，但时间拉得可太长了。这是不是要在不利的事实前为老师弥缝而得出的结论呢？具体什么时间成书，我没有能力直接考据，但我比较同意某些

①　李民、王健：《尚书译注》，上海：上海古籍出版社，2000年，第1—2页。

非疑古主义学者，像王国维、胡厚宣、金德建诸先生的看法，此篇至迟在西周时期就形成了，是追记以前早就有的东西，所以一开篇讲"曰若稽古"，就是声明在追记古人讲的东西，绝对到不了秦汉，因为战国时期就有不少作品引用《尚书》，包括引用《尧典》。

我的结论是：《尚书》是记述和追忆尧舜时代华夏民族的开创性、建基性历史经验的珍贵文献，是理解中华文明和儒家原本精神的首要经典。也就是说，此篇源自尧舜时代及其后人的记述，在口头流传了许多世代，至迟在西周时写成文本，经孔子编定，历秦火而不绝，起起伏伏，一直流传至今。现在的考古很厉害，是破疑古主义的利器。山西襄汾县陶寺村挖出一座古城，被辨认和论证为是尧都，也就是尧时的都城平阳，里边有观天象的高台。

《尧典》是远古经典，到西周的时候著于简策，它为什么成了儒家的经典？因为儒家从思想上完全认同这类古代文献中记录的圣贤言行，而且对其保存、解释做了最重要的贡献。《尚书》是儒家的六艺（六经）之一，没有孔子和儒家就没有《尚书》在后世的流传。秦始皇焚书的时候，儒者伏生把古籍藏在屋壁里。幸好秦朝崩溃得早，于是把墙凿开，拿出书来，但损坏严重，只剩下二十八篇。为了便于传授，就用当时的文字（隶书）写出，成了今文经学的源头。后来民间又献了一篇，算作二十九篇。至于古文经学，则源自孔夫子家的宅壁所藏。为避秦祸，孔子的后代也在墙里藏经，至汉代又找出来一大批古文献。这是古文经学的源头。没有儒家的历代传承、保护和再发现，这些古籍早就完了，所以儒家认为这些是儒家的经典很有道理。当然，它们也是中华民族的经典，哪一派都可用。

二 此书此篇的基本结构、版本和内容

1.《尧典》为首和版本选择

《尚书》为什么要从尧舜起头？这是一个有分量的问题，因为尧舜之前已经出现了好几位伟大的帝王。司马迁的《史记》首先写《五帝本纪》，黄帝、颛顼、帝喾、尧、舜。为什么儒家的经典撇开了前三位帝王，甚至更早的伏羲和神农，而只从尧舜开始讲？要回答这个问题，须要先讲讲此书为什么叫"尚书"。

先看"书"的含义。按《说文解字序》，"著于竹帛为之书，书者如［随、从（其字）、若、像、往］也"。一开始泛指记于简策、布帛上的文献书籍。古人一般只记重要的事，在中华经典古文献的语境中，"书"这个字就特别指记载帝王、圣贤的言论、事迹和成就的政事文献，而在儒家经典语境中则专指《尚书》。以前讲"诗、书、易、礼、乐、春秋"中的"书"，就是指《尚书》。《尚书》是经过孔子选编的书系经典，他把一些不雅驯的书篇弃之不用，形成了《尚书》。但经过秦火，《尚书》又少了很多。《尚书正义》说此"尚"字就由孔子所加。

"尚"的意思是"上"，两字同音不同形；这种将音韵相关的字词加以牵连的阐发手法，自古就有，在董仲舒手上成其大观，非常有趣味，今天没有时间讲。"尚者上也"有两种主要的解释。第一，它是上古帝王之书，时间上特别久远。可既然是上古帝王之书，为什么没有包括黄帝、颛顼、帝喾之书？而司马迁根据其他的文献，写了其他的帝王，说明并非因为文献阙如造成前三帝在《尚书》中的缺席。第二，"尚"或"上"是指"孔子尊而命之曰《尚书》。尚者，上也。尊而重之，若天书然，故曰《尚书》"（郑玄语，引自皮锡瑞《今文尚书考证》，第2页）。所以第二个意思是"尊崇"，认为此书是经典、天书，要尊重。按照这个意思，前三帝还不够格让我们尊而重之。读《尚书·尧典》的时候，最好参照《史记·五帝本纪》，看司马迁记载的前三帝和尧舜的区别在哪里，由此或可发现儒家为主导的中华文明最有特色之处，并与其他民族的文化区分开来。所以"尚书"的第二个意思决定了此书要从《尧典》起头。《五帝本纪》末载："太史公曰：'学者多称五帝，尚矣。然《尚书》独载尧以来；而百家言黄帝，其文不雅驯。'"一些人认为"雅"是指文章风格，其实远不止于此。不雅驯既是指语言不雅、粗俗、怪诞，更指崇尚力量、崇尚功效；一句话，崇尚"怪、力、乱、神"（《论语·述而》)，不以人的实际生活经验的美好化为根本，这都叫不雅驯。所以儒家不管你历史上的功业如何，如果你尊崇力量和无端的超越者，我编的书就或不记载你，或批评你。中国历史靠儒家传下来，所以前三帝在《尚书》中就消失了，从史学角度看非常可惜，但儒家有权这么做，任何一个学派都有权按照自己的思想原则来取舍古代经典。儒家没烧书，书是秦始皇烧的。现在有的学者一说到这个问题，对儒家恨得咬牙切齿，说儒家篡改历史。其实跟儒家无关，儒家只是根据自己的理想来编选书文。

我给大家读一下《五帝本纪》中关于黄帝的描写：

黄帝者，少典之子，姓公孙，名曰轩辕。生而神灵，弱而能言，幼而徇齐，长而敦敏，成而聪明。说他天生就又神又灵，很小就能说话，智力早开，思维快捷通达，长大后干事和性格还特别好，勤勉、敏锐、诚恳，所以能成大事。于是黄帝乃征师诸侯，与蚩尤战于涿鹿之野，遂禽杀蚩尤。……天下有不顺者，黄帝从而征之，平者去之。这就过于诉求于暴力，顺我者昌，逆我者亡了。举风后、力牧、常先、大鸿以治民。顺天地之纪，幽明之占，死生之说，存亡之难。时播百谷草木，淳化鸟兽虫蛾，旁罗日月星辰水波土石金玉，劳勤心力耳目，节用水火材物。有土德之瑞，故号黄帝。可以看到他文治武功，很了不起，成就了伟大的事业，为中华民族立下不世之功，如此而已。为什么说如此而已？他缺了一些东西，而儒家最最看重的恰恰是他欠缺的。儒家也重视伟大的功业，但儒家认为有了那欠缺的东西，这些功业便也会有；而光有这些东西，缺了要害者则不行。你的文化当时可能非常灿烂，但不会持久。中国古人特别讲究长远，盛行几十年、几百年的东西不算什么。这和美国人的视野不一样，他们能看到几年就不错了，总统最多只能连任八年，如此而已。

我们看此书的结构，《三字经》说它"有典谟，有训诰，有誓命，《书》之奥"。这也就是说，《尚书》有六种重要题材或体例：典、谟、训、诰、誓、命。"典"记录古代君王和臣子的言论事迹，比如《尧典》。"谟"记君臣间的对话，即策划、谋议大事的言论，比如《皋陶谟》《大禹谟》（此篇不在今文《尚书》二十九篇中）和《洪范》。"训"是臣下劝教君主的话，比如《伊训》（此篇不在今文《尚书》二十九篇中）《高宗肜日》。中国古代从来都是由一个人最后拿主意，大家商量协调。"诰"是君主对臣民、公侯的诰谕，如《盘庚》《康诰》。"誓"是开战前，君主或者诸侯率队誓师之辞，历数对方的罪恶，怎么不从天命，为什么我们要讨伐他，等等，以激励士气。比如《汤誓》《泰誓》。这些往往是在历史重大时刻的言论，被当时的史官记录下，或者先流传于口头，由后人追记。"命"是君主任命官员或赏赐诸侯时的册命之辞，如《文侯之命》。极少的篇章不属此六体，如《禹贡》。

再看版本的问题。现在到图书馆查，有大量现代人写的《尚书》注释本，甚至是译注本，比如杨树达、曾运乾、屈万里、周秉钧、江灏、金景芳、吕兆芳等等。而且还不断有新本出来，大家可以自选。它们比你们手中的孙星衍的本子要好读得多。但为什么我没有为大家选现代人注解的本子？因为我觉得，对于初次接触《尚书》者，它们不太合适。好处是容易读，适应现代人的心理，尤其金先生、吕先生所著《尚书虞夏书新解》（1996 年），是专门解释《虞夏书》的，还是蛮值得参考的。这些本子都有《尚书》正文，一段正文后面有注释，甚至白话翻译，很方便上手。如果你们读手中的孙本很困难，也可以借助那些注释本，当作一根临时的拐杖。但它们的缺点是缺少历史的丰富性、深度和多样的选择，常常是根据注释者自己的立场，有的还是疑古主义的立场，来做出解释，有些还含有一些臆断和歪曲。歪曲倒是次要的，我最担心的是它没把别人的观点列上去。我怕大家拿到一个本子就认为这是正解，其实它很贫乏，往往只按自己的理路解读；观点又很偏，一下子把你对《尚书》的领会拉到干巴巴的死角。所以我主张，古文好的同学，一开始直接读我给你们介绍的孙星衍的本子或古代传下来的注疏本，它们可以给你很多其他的选择。"十三经"的本子——《尚书正义》（孔安国传，孔颖达疏）——我也推荐，但光是这古文《尚书》的文本不够。孙星衍这本《尚书今古文注疏》[1]是今古文都考虑的，而皮锡瑞的《今文尚书考证》等，则从今文经学的角度讲。这些老本，哪怕只有一个本子，往往在"注"里先给了你不同观点的注解，"疏"再跟着"注"提供更丰富的信息和解释，使你有更多的选择。这些注解往往可以接到汉代，甚至更早，包含古人对于这个文本的多种理解和考量，和现代人的视野有时很不同。孙星衍《尚书今古文注疏》被认为是代表了乾嘉时期《尚书》学研究成果的总结性著作，或被看作是清代学者研究《尚书》的集大成之作，是今天研究《尚书》的必读书。此本将今文经学、古文经学的解释都吸收进来，没有多少门户之见，可以给你们一个比较好的初始平台。

我举个例子说明一下为什么只读现代本不够。比如第一句："曰若稽古，帝尧曰放勋。"李民、王健的解释把"曰若"看成"粤若"，在当时只是一个"追述历史往事的发端词"。"稽"当作考，或考察；"稽古……"就是考察古文献的记载，

---

① 《尚书今古文注疏》(以下或简称《注疏》)，[清]孙星衍撰，陈抗、盛冬铃点校，北京：中华书局，1986 年第 1 版，1998 年 12 月第 2 次印刷。

由此知道帝尧的名字叫放勋。整句的现代汉语译文是："考察古代的历史，帝尧名叫放勋。"（《尚书译注》，第3页）这只是解释此句的一种看法，而李王本就止于此了。其他的解释，有的颇有深意，比如孙星衍的这本《注疏》，该句的"注"里边不仅提供了李王本所依据的马融的解释（"顺考古道"），还给出郑玄的注解，而在"疏"中更是提供了相当多样化的相关古解，涉及《春秋繁露》《后汉书》《太平御览》《诗经》的几种疏解，以及《文选》《论语》《白虎通》《汉书》《孟子》、《周礼》等等二十多种文献，展示了观察这句话的多重角度（《注疏》，第2—4页）。郑玄把"稽古"解释为"同天"。不少注家把"若"解释为"顺"，所以郑玄说"稽古，同天。言能顺天而行，与之同功"。就是马融的解释，也是"顺考古道"。把"若"解释为"顺"，就意味着，"稽古"即便看作是"考古"，但还须"若稽古"连读，于是整句的意思是：能顺着对于古道的考察行走［，才能承受天命］，这是名叫放勋的帝尧所为。所以"疏"中引文献曰："主不稽古，无以承天。"就是说帝王如果不稽古，就无法承担天命。当然这也只是一种注疏。郑玄的解释和马融的解释不一样，皮锡瑞的、刘逢禄的与他们的又不同（今文经学对于"稽古"一般皆持"考古"说，但另有深意)，这样你就有不同的选择。如果单看李王现代本，就只有一种解释，甚至是贫乏化了的解释，比如这里将马融"顺考古道"的注解，掐头去尾，只剩下"考古"两字；在此考古中也只抓住"帝尧名叫放勋"这么一个历史事实，其他可能有的微言大义尽失。你可以在自己很有研究之后，形成独特的理解和某一种解读方式，但在开始时不可不开放阅读的视野，尽量考虑到多种可能。

《史记·五帝本纪》写到尧舜阶段，依靠的文献就是《尧典》，几乎是逐字逐句地转述而不只是重复了它。司马迁从西汉史学家的角度来重述，非常珍贵，很有助于我们的理解，但也只是一种解释。我们这个孙本有所谓"五家三科"之说，是"凡例"里讲的。第一，司马迁依从孔安国的古文《尚书》说 (后有认司马氏之说为今文说者)。第二，伏生所传欧阳氏、夏侯氏的今文说。第三是马融、郑玄的解释，虽然互有异同，但两人之说多来自卫宏、贾逵，因而是孔壁古文说。此书的"注"就基本上是出自这三科和五人。"疏"由孙星衍所撰，针对注来疏解，内含极为丰富的材料，包括先秦诸子、汉儒和隋唐的有关论述、训诂、考订、串解，还包含清儒的新成果，只是基本上不涉及宋明理学家们的解释。

2. 此篇的基本内容

我们观察《尧典》(含古文《尚书》中的《舜典》)的叙述结构，可以将舜的出现作为分界线，由此将该篇分为两个阶段。这两个阶段又可以各自再分为三部分。第一阶段的三部分包含如下内容：第一部分是介绍尧，讲了尧的德行业绩。第二部分讲尧如何命人去观察天象，然后依据从观天象得到的天时来指导人间时事。第三部分进入人事，尧开始寻找可以替他办事乃至可以继承他的位置的贤能者。由此导致舜的出场，于是进入第二阶段。

这个阶段中的三部分，由舜出场后的两个界线来划分。一个界线是尧把国家的管理权交给舜，让舜摄政，但尧还是最高领导者，只不过退居二线。这界线之前是第一部分，讲尧对舜的考察，舜经受住了。这界线之后是第二部分，叙述舜摄政时的所作所为。第二个界线是尧的去世，舜率百姓守丧三年后登帝位。这之后就是第三部分，描述舜在帝位上干的治国任官的诸桩大事，直到去世。这么看，整篇《尧典》的结构就非常清楚。

一开篇颂扬尧的德行和业绩："钦明文思安安，允恭克让，光被四表，格于上下。克明俊德，以亲九族，九族既睦。平章百姓，百姓昭明。协和万邦，黎民于变时雍。"这些话的意思我们后面会再细讲，这里先念一遍，你听上去就知尧既"文"又"明"，恭敬谦让，能将家庭、家族、百姓和万邦都谐调好，所以感天动地、光被天下。然后尧"乃命羲、和，钦若昊天，历象日月星辰，敬授人时"。这是一桩重大的事业，也就是帝尧命羲、和二氏通过观察日月星辰来推算，以便能顺天而行，由此而虔敬地给予人间以生存之时。有些学者比如金景芳先生解释得也不错，但似乎将这"人时"完全限于具体的历法，说尧的时代发现了新历法，和以往的火历不同，有重大改进。我们知道，襄汾陶寺村的尧都发现后，辨认出里面有观象台。考古学家们之所以把发掘出来的高台解释为观象台，可能也受到了《尧典》的提示。这段文字的解释是不是应该只限于历法的改进？我觉得可以再商量。这"时"的一般意思是"历时""农时"，所谓"次序三辰［日月星］，以治历明时，教民稼穑以安也"（《注疏》，第12页，左数第3行）。但把天时引到人间，我觉得应该有更深的含义。

　　接下来，从"帝曰：'畴咨若时登庸？'"（"谁可顺此事？"——《史记·五帝本纪》）一句，开始进入人事部分，也就是尧寻找能替他办各种要事的人。臣子们先提出三个人选，也就是丹朱、共工和鲧，第一个是尧的长子，另外两个都是很有功绩和能力的人，但尧都不满意。当时可能是某种参议共商制，底下的人坚持说鲧能干，尧就勉强同意让鲧去治水，但治了九年也不成功。于是帝尧就陷入了人事危机，底下人提出的人选他都不满意，有的虽然屈从了，最后证明还是不行。那尧怎么办呢？他觉得自己老了，要找接位的人，以便从根本上解决用人问题。于是就问"四岳"（四时之官，主掌四岳或四方之事）：你们有谁能来接我的位子吗？四岳都说不行，您这么伟大的君主，光被四表、薪尽火传，我们接不了。尧说那你们给我举荐贤人吧，无论是贵戚还是疏远隐匿之人——"明明扬侧陋"。于是四岳就推荐了当时尚在民间的一位卑微的孝子，"有鳏在下，曰虞舜"，叫虞舜的这么一介鳏夫。当时将三十岁往上还未娶妻的男子叫"鳏"，不是妻子死了未娶者。简单说来，舜是隐身于民间的光棍，没老婆。尧就问此人好在哪里呢？四岳回答时，只说及舜的孝行。尧一听之下，（按前后文来推测）眼前就是一亮，马上同意测试他。这是非常奇怪的现象。你读其他民族的历史，看他们怎么选治国人才，再看尧如何挑选自己的接位者，就会感到这里很有华夏族的特点。怎么把舜推上来了？这又不是在选道德模范，而是要选治国平天下的贤能，居然把这么一个只以孝闻名的人举荐出来。

然后第二阶段登场。舜经受了最初的但颇为关键的测试，娶了尧的两个女儿，通过测试之后就开始承担某些政务，并入山林中经历暴风雨。一些年——按司马迁，是舜被推荐的二十年后，或让他任政务的三年——后，尧看他都能应付裕如，便委以帝位摄政的重任，舜也就做出了一系列的举措和决断。它们与尧的治国方策是什么关系？是追随尧还是有重大改变？这个我们以后再解释。舜摄政八年（另一说为二十八年）后，尧去世。这是另一个重要事件，三年后舜登位，进一步大展宏图，任命九类重要的人才或官员，办好各项国家大事，特别是任命伯禹去做"平水土"的司空，为将来禅位埋下伏笔。最后的记载是，舜大概在一百岁或一百二十岁的时候，在南方巡守的途中，死在了苍梧之野。现在湖南有湘妃竹，传说——这就只是传说了——那是舜的两个妻子娥皇、女英寻找自己死去的丈夫，眼泪洒在竹子上，留下的斑痕。

《尧典》全篇记述了尧舜的事业德行，特别是尧晚年得舜的经历，一直写到舜去世，又记言又记事，向我们展示了中国古人，特别是广义儒家所能经历和想象的最美好的生存方式或者政治结构。"政者，正也"（《论语·颜渊》），中国古代理解政治的方式，无论在远古还是近古，都很独特。什么是政治？西方人一讲到现实政治（politics），都说这里边没有干净的，或是玩权术，或是玩力量平衡。能玩力量平衡的就是伟大的政治家了，最好的政治或政体就是能够实现公共利益的政治结构和行为，但还是局限在利益上。在中国古代不是这样，"政者，正也"，这个"政—正"是什么含义？首先要理解为人生之正、天地之正，也就是将人生和天地里最中正上扬而非偏邪残暴的美好东西实现出来。或者说，去追求那最适合人类和天地本性的生存方式或正态生活形式，这叫政。这里当然要有力量的平衡，也就是对力量的结构制约（洪范宪法、国际联盟）、对人群行为的规范（法律），还要为老百姓谋利益（民意）和追求公共的利益（正义）；但只看到这些，还远不足以达到"乘天地与人生之正"、感化人间和升华生存的目的。

三 什么是人类最美好的生存方式?

让我们暂时徘徊一下，在继续探讨《尧典》之前，来即兴反思一下什么是人类最美好的生存方式。你自己想一下，作为一个人，尤其是一个诚实的知识分子，你最希望在什么样的政治结构和状态中生存? 你自己身处的环境是否令你满意? 你可能觉得不太满意，甚至很不满意。不光中国，哪个国家都是，人就是不知足的存在者和比较中的感受者，总是对自己所处的境况批评多，欣赏少，要和更差者相比才会高兴一点，可是与似乎更好者（往往是远处的东西显得更好）相比又怨气十足了。

近现代以来，人类好像取得了极大的进步。现在我们的生存方式，就其物质方便程度而言，跟夫子授徒的时候是不可同日而语了。但现在的生活是不是就更好了? 白天不敢问，晚上回家扪心自问去。当然，你要先知道人类和我们古人曾经有过的生存方式，以比较真实的方式，比如通过阅读古代原始材料来知道，而不是通过新文化运动或当今主流意识形态的有色眼镜来了解。那你有没有想过人类最美好的生存方式是怎样的？我想大多数同学可能都想过。在上世纪五六十年代，这对于还傻乎乎的我们根本不是个问题。最美好的生活一定是共产主义世界，随便吃、随便玩，人类全面发展，上午随兴趣干干活，下午去唱歌、跳舞。没有家庭的拖累，男女完全自由结合，物质生活和精神生活都极大丰富，那是多么好的生活。（仔细想，是真好吗？）资本主义世界简直是水深火热，我们都热血沸腾地要去解救人家。可是，这样的共产主义就是"跑步"也进不去呀。改革开放以后，一下子就觉得美国怎么好，西方"自由社会"怎么好。但后来就近看得多了，觉得美国也并不那么好，贫富分化，离婚过半，老人孤独，种族歧视，枪击案也挺多。现在又觉得北欧好，又有资本主义自由的好处，还能避免自由资本主义的坏处，因为人家搞的是社会民主的资本主义，或者民主自由的社会主义。但那里就没问题了？它们的国防基本上是靠北约，经济上是欧盟，来个经济危机也不难。对于全球生态危机，他们比我们感觉更恐怖，因为这一刀正插在他们得天独厚处。组织我们这个讲习班的甘阳教授说，还是儒家社会主义好，有人又说不追求现代化标准的佛教小国不丹的幸福指数更高，等等。真正的知识分子是有思想的人，对自己所属的这个物种的最佳生存状态，多半会有自己的想法。如果想深刻地了解《尧典》，这应该作为一个背景问题存在。

人是一种动物，而动物有过多种团体的生存方式。当然有不少动物基本上是以个体为单位存在的，就团体的生存方式而言，人类的家庭与社会是最后进化出的一种。我个人比较相信真正的进化论——它还在不断地改进之中，而不是什么社会达尔文主义。美国学者威尔逊（E. O. Wilson）的《社会生物学》第 18 章讲生物世界中，社会系统的进化有过四个顶峰。动物物种中很多不是社会系统，而人类是不可能个体存在的，除非成了神仙，吸风饮露那很潇洒。但从根本上说来，人类是"社会物种"，群居才能长久生存。那么什么是最好的人类群居方式？是不是生存得越久就越好？可以生存得很悲惨，却靠惯性生存很久。威尔逊举了几个例子，对有的例子我有怀疑。太平洋一些岛上的人生得很糟糕，起码在他看来很糟糕，但居然还存在了一两百年。但我觉得，在人类的生存评价和生存感受中，"生存得长久"起码是一个肯定性的指标；如果像秦王朝那样只存在十几年就没有了，会感觉很悲惨。还有"协调"，也是个正面指标。

如果生存的中间充满了争斗和尔虞我诈，大家活着也不会愉快。但人活到现在，有些人不是光要活得下去，而是要像奥运会的精神口号讲的，活得更快、更强、更高，但那能让你幸福吗？我看是"一人更强万骨哭"（模仿"一将功成万骨枯"），被裁判判输了，坐在台子上哭，不下来，这并不是很美好。最美好的似乎是像北欧那样，社会福利从小管到老，这挺好，但那儿的自杀率也不低，人活着活着就觉得没意思了，抑郁了。有人说不丹好，不追求什么国内生产总值（GDP），维护传统的生存方式，是佛教很有影响的地方。有个美国学者是不丹的文化顾问，对我讲了一些那里的情况。我听起来很好，但是否真好也要去体验。我对那儿的"女权主义"留有印象，一妻多夫制，这是很罕见的，是否会增加幸福感我不知道。而且据说那里还是受到现代全球化生活的侵蚀，年轻人向往些时髦的东西。人类的生存方式极其多样，但起码要协调。

按照威尔逊讲的，人类是第四个社会系统的顶峰。第一个社会系统是集群无脊椎动物的社会，比如珊瑚、管水母、苔藓虫的社会。第二个高峰是高级社会昆虫的社会，比如蚂蚁、白蚁、蜜蜂。这个群体的社会化程度最高，甚至种群成员的身体也发生了分化。蜜蜂种群中有一只蜂王（女王），但许多雌性成员只能一辈子做工蜂，个头儿和身体结构与蜂王就很不一样了。蚁群中有一些成员是兵蚁，这一辈子只能去守卫或打仗。大家各尽其责，任劳任怨，死而无憾。第三个高峰是非人类的脊椎动物社会，特别是非人类的哺乳动物和其中的灵长类的社会，比如狼的社会、黑猩猩的社会。第四是人类社会，人类是一种社会化动物。按亚里士多德的说法，人类是政治动物。

前两种，特别是第二种，是社会协作的顶峰。比如第一种里的珊瑚虫种群，其"个体"相当于游动孢子，它们之间相互依存，可以达到身体融合的程度。而第二种即社会昆虫之间的亲密性，根本就不建立在个体基础之上，因为这些所谓个体的身体已经分化了，完全服从整体，以至于有大量的不育者，只为能生育者、多半就是她们姐妹中的一个（例如成了蜂王的那个）而服务。到非人类的脊椎动物，个体的相对独立性突出了，不育的类型角色消失。虽然分为两性，但每个个体成员都是潜在的独立繁殖单位。所以在昆虫社会中司空见惯的利他主义行为或纯社团行为，在这里是偶发的，而且一般只限于自己后代，而自私利己、互相攻击、互相倾轧的现象就司空见惯了。比如鱼、狒狒的群队生活中，在觅食、休息和交配时，会毫不犹豫地遗弃弱者、老者和伤残者。雄性首领变得老弱后，就会被年轻首领通过暴力和阴谋推翻，有时前首领的幼小子女还会被统统杀死，比如在叶猴和狮子中就是如此。总之，在这最靠近人类的第三种社会系统中，社会协作退步了，个体突出了。

到了人类社会，社会协作下降的趋势被遏制，甚至在一定程度上反转了。人类的繁殖单位还是有性别的个体，每个正常的群体成员都是潜在的生育者。威尔逊讲到人类社会也有类似工蜂的人，他举的例子是同性恋者。威尔逊讲，同性恋者某种程度上有利于群体的繁衍，他／她不生，帮助兄弟姐妹抚养后代。现在是这样的吗？我不很知道，似乎不是的，但在古老的人类史上也说不定有过"同性恋者帮助亲属抚养后代"的事情。人类保持了脊椎动物的自私性，但由于人类出现了深长的时间意识，有能力记忆以往的旧事、感知长远的后果并预设未来，于是有了个体间的天然和长期的分工与合作，以及它们造就的生存基础意识和感受世界的基本方式。西方人往往把这种关系视为契约关系，其实何止契约呵！威尔逊说，人类社会在协作方面类似于昆虫社会，但在相互交流方面要强许多。不管怎么说，人类是从脊椎动物和哺乳动物中出来的，所以必有个体化的一面，但奇特的是，人类进化出了新异之处，所以尽管基因与黑猩猩只相差百分之一点多，但生存方式上有了重大变化。黑猩猩虽然也是松散群居，但在谋生和繁殖这些要害处，基本上还是个体存在者，比如无论雌雄，都是自己觅食（除了雄性团体偶尔合作捕猎），母亲单独哺育子女。而人类不是，人类一开始就有男女分工，有男女共同哺育后代的家庭，所以在人类这里，协作又大大增强了。

什么是人类最佳的社会化方式或自组织方式呢？简单说来，它必是特别符合人的本性，而不是另外三大类社会化动物本性的政治方式或正治方式。

什么是人类本性？有一些反西方形而上学传统的激进哲学家，比如理查德·罗蒂（Richard Rorty），根本就否认有共通的人性，认为任何对人性的看法只是历史和环境的偶然产物（参见他的《偶然、反讽与团结》）。的确，以前我们认为是人类本性的东西，有不少已不再被看作人类本性了，起码不是人类独有的东西。比如以前说人类是会使用工具的动物，劳动使猿变成了人；但上世纪 60 年代珍尼·古德尔发现黑猩猩也会制造工具和使用工具来觅食。尽管人类在使用工具上比黑猩猩高明得太多太多，但这一条起码不再是区分人类与其他动物的标准了。又曾经认为人类的独特之处在于有反思意识，或自我意识。但几十年前的实验发现，黑猩猩也有自我意识。把镜子放在它——更合适的表达应该是他或她——面前，两三天后，黑猩猩就知道那是自己，会观察自己，翻起眼皮看看，而别的很多种猴子都不行。这说明黑猩猩也有自我反思意识，不管它会不会笛卡儿讲的"我思故我在"。黑猩猩还可以学语言，它虽然学不会口头语言，但你可以教会它使用符号语言，比如键盘化的符号语言，它自己还可以组织新的短语和句子。所以我感到，搞哲学的，不应该、也不敢不关注这些新的发现，不然你讲的人类本性就可能搞错，亚里士多德的定义，笛卡儿、康德的甚至胡塞尔、海德格尔的人类观，孟子的人禽之辨，等等，都需要再审查，有的已经不合适了。

不过，哲学家尽管要参考科学家的发现，但不必、也不可能受限于科学解释的视野和方式。而且，尽管从概念上一劳永逸地得到人性的定义是不可能的，但探讨"什么是人类本性？"这个问题也不是无意义的，因为要不完全私人化地回答"你想要认同于什么社会？"（罗蒂认为这是很有意义的问题），就涉及"你认为什么是最佳的人类生存方式？"这类问题的回答，尽管"最佳"不一定是超时间和历史的。也就是说，在历史情境中，比如在我们今天所处的历史情境中，也可能达到真理，而不仅仅是"怎么说都行"的意见。

先从人类学——它在半个多世纪以来有许多重大发现——的新视野来看人类的独特处[①]，它们当然与我们讲的人类本性内在相关。第一，人类有口头语言，也就是音节清晰的发声语言。第二，人类有长年的性活动，女性月经来时无明显的体表变化，有绝经期，这些和其他的哺乳类动物都不同，或大多不同。黑猩猩之所以没有父母兼具的家庭，原因之一可能就是因为它们的性周期一年只有那么一段时间，而且雌性排卵前后有明显的体表改变，引得公黑猩猩蜂拥而来。第三，人类有明确的乱伦禁忌，实行外婚制。人类从开始就有乱伦禁忌和外婚制，这是 20 世纪人类学进展带来的一个共识，纠正了摩尔根的错误。他在解释印第安人的亲属称谓时

---

① 参见科塔克（C. P. Kottak）的《人类学》英文第 12 版（2008 年），第六章最后数节。此书的影印删减版由人民大学出版社于 2008 年出版。

出了错，以至于下了一个推断：印第安人乃至所有的原始人群，在他观察的社会阶段之前，有过一个完全没有家庭和乱交的时代，因此某群体中的这一代人都被当作是上一代人的后代，称上一代人为爸爸妈妈，互称兄弟姐妹。他是被称谓的表层含义迷惑了。经过大量的人类学调查，否证了他推断出的结论。你们可以看法国人写的《家庭史》和其他人类学的著作，都有这方面的说明。就像列维－斯特劳斯讲的：家庭就像语言一样，与人类同寿。第四，人类的婴儿出生时极度不成熟，所以养育儿女极其艰难。为什么？简单说来，人直立之后，生孩子就困难了。因为直立限制了产道开口的宽度，而人类婴儿的头却逐渐变大，导致产妇死亡率高。所以人类的胎儿必须提前出生，根本没有长成就出来了，与其他哺乳类动物的婴儿的成熟度相差很远。一匹小马、一只小鹿生下来过一会儿就能站起来，随母亲前行，而人类婴儿"三年不离父母之怀"。所以人类婴儿最不好带。第五，男女劳动分工协作，或者男打猎女采集，或者男耕女织。这是人类学的一个基本事实，两百万年中皆如此，只是到了最近的一两百年，由于技术的发展，才讲究起男女"同工"，也就是人为地打破男女分工。其实以前也是"妇女能顶半边天"，因为男女各有自己的半边天。现在是妇女要向男人看齐，你能干的我也要干，我干的你也得干，只是暂时还做不到让男人生孩子。第六，亲子家庭的极端重要和终身亲属制，这也是人类独有的。有人说动物也有家庭，但它不是终身亲属制。中国古代有"慈乌反哺"的传说，小乌鸦长大了，去喂养已经老迈的父母。如果这是事实，就表明乌鸦的家庭是终身制的。但证据在哪里？我问过一些生物学家，他们说没有看到过；如果能看到，那不得了，是惊天动地的发现。所以，第七，人类会养老敬老，其他所有动物都不会。从生物学的角度来说，过了生育期的父母，已经没有进化价值了，年轻人把宝贵的精力投入到照顾他们的努力中，会减弱这个群体的生存竞争力或进化适应度。

如果反思这七点相互之间的关系，那么可以说，第二点至第五点结合起来，使得第六、第七点成为可能。至于第一点，也就是口头语言，它是原因还是结果，就难说了。其次，这七点包含着一个重要的意思，即人类相比于其他动物，包括近亲灵长类，有更深长的时间意识。第六、第七点，即终身亲属认同和养老，表明这独特的时间意识；而前面几点也或显或隐地显示着它，长年的性活动、有乱伦禁忌、婴儿极度不成熟，都有时间含义和后果。比如婴儿未成熟就出生，使养儿艰难，迫使人类更能记住过去和筹划未来，更能走中道，避免致命的冲突，由此发展出更深长的时间意识。再次，这种走中道的时间意识或时机意识，使人能超出哺乳类、灵长类社会的个体化倾向，以男女分工、维持家庭为起点，形成家族、部落乃至国家，由此而使协作共荣又回到生存的核心地位。

要回答"什么是最佳的人类生存方式？"当然与这些人类的特点相关；而最美好的人类社会和政治结构，就应该能让这些人类特性以最协调的方式实现出来，否则人就会觉得生存意义空间被压缩、被损害，就会痛苦不堪而要求变革，要争自由、争独立。

西方学者马斯洛（A. Maslow）提出人类的五级需要，认为只有下层的需要被满足了，才会去关注上层的需要：第一是生理需要，吃饭、睡觉；第二是安全需要；第三是归属于一个群体并得到关爱的需要；第四是有自尊的需要；第五则是自我实现和进行创造的需要。这是西方很根本的看法，很多思想家自觉或不自觉地根据这个思路来设计良好社会。它表面看起来很有道理，安全、生存都没保证，何谈其他？但我觉得不然，这个需要的排序是有问题的。就人的实际生存境况而言，第三需要的满足才是最要害的。你归属一个群体，并得到关爱，这是人的根本所在。如果有了第三，能没有第一、第二吗？恰恰因为你有了第三，才有了第一、第二。没有第三，第一、第二都不会长久。第四、第五也要在第三中体现，所以第三是要害。人从远古以来，就是群体的存在者；归属于家庭、家族和家乡，是人的第一需要。

西方的政治（学）、社会（学）和哲学思想，无论就其理论还是实践而言，有两个倾向：一是趋于昆虫式的，一是趋于非人类的脊椎—哺乳类式的。前者强调分工协同、利他和整体，往往倾向于整体主义、国家主义，经济上主张国有化、社会主义；后者强调独立谋生，强调合作的契约性、暂时性，注重利己和个体自由，往往发展为利己主义和个人主义，经济上主张私有化、资本主义。前者的代表是柏拉图的《理想国》、赫希奥德的《神谱》、奥古斯丁的《上帝之城》等等；后者的代表是洛克的《政府论》、穆勒的《论自由》、美国宪法的修正案、罗尔斯的《正义论》。混杂两者的有亚里士多德的《政治学》、霍布斯的《利维坦》。

《尧典》叙述和追记的是中华古圣贤追求、揭示和实践人

类最佳生活方式的努力，与西方的两种倾向都迥然不同，既
非整体主义，又不是个体主义。在漫长的中国历史中，家是
抵御君主制或其他形式的整体主义倾向最坚固的堡垒。"为父
绝君"可以，"为君绝父"绝对不可以（《郭店楚简·六德》）。
另一方面，家又是超个体的，包含着世代时间；人在其中，
也就是在承接祖先和荫庇后辈——"光于前，裕于后"——
中，获得最初的生命意义。中国人的生命自由、中华文明的
长久维持与和谐化，是通过广义的家与家时，在漫长的历史
中赢得的。这是真理，既不是普遍主义的，又不是特殊主义
的，而是在群体生存实践中既是历史性地又是原本性地实现
出来的。《尧典》极其深刻、美妙地展示了这样一个家、时源
头，这是读此篇的一个重心所在。所以用西方那些二元分叉
的理论来说明《尧典》，就完全不合适。这是我不同于很多现
代注释者的地方。《尧典》太重要了，很多谈中国古代史的人
都会涉及，可他们那种解释方式，我基本上不赞成。他们的
学问做得好，我完全欣赏，非常敬佩，但（比如）一讲《尧
典》，就说是表现了原始社会向奴隶社会的过渡，我觉得没有
触及要害处。所以我才要说，一开始先面对文本，以丰富的
方式来读它、琢磨它。你最后也可能成为一位马克思主义的

历史学者，或者非马克思主义学者，但无论如何，要先做一个出色的学者，靠自己直面古人、独立思考来攀登上去，不要人云亦云。

四《尧典》中的"时"

下面我们来谈《尧典》中的"时"。它是理解中国古代文化和哲理的一个关键字，孟子赞孔子就是"圣之时者也"。不懂"时"，中国古代的历史从哲理角度你就根本没进去，而恰恰讲中国哲学史的，以前都忽略它，跟着西方哲学的传统形而上学乃至历史唯物主义路子走，总是漏过了这原本的"时"。清代学者惠栋说《周易》："一言以蔽之，曰时中。"可谓说到了根本处，而且用这话来说儒家六经也合适。刚才课间有同学问我，海德格尔怎么理解历史？我说：海德格尔理解的历史（Geschichte）跟命运（Geschick）有关。知其天命者，就是那些意识到了自身与某个更深宏者——比如天或存在本身——的根本关联的自觉者，这样才能进入形成着的历史，而不只是属于历事学或一般意义上的历史学（Historie）记录的范围。《存在与时间》后面讲到历史与时间的关系，历史的根子在时间性，但这时间或时间性是原本的时间，不是可以用钟表测量的物理时间，而是我们直接体验到的生存时间、现象学时间。你的生命中最根本的时间感受是物理时间还是生存时间？你从小如何与父母相伴？你如何梦想自己的未来，又如何考上大学？你最幸福或最痛苦的经历，你最思念的往事和亲人朋友……这些都是你活生生地经历过、正在经历或将要经历的时间。它们有的可以有物理时间的标志，比如你收到大学录取通知书是哪年哪月哪日，一般的历史学家往往很关注这种时间。但是，时间的源头、历史的源头只在被人滚烫地经历着的活的时间中，从那里或那时才开始理解人生和世界，所以智慧者只到那里或那时中去找解决问题的关键，就像禅宗讲的就在劈柴担水中领悟禅机。

以上讲到的西方两大派，都从人的活的生命历史（即Geschichte，历命构运）或生存时境中脱开，另外寻找超时势的观察基点，所以各执一端，争讼不休；而《尧典》却将全部观察的重心放在人生的历时情景和生存时势之中，在里边弄潮冲浪，借其势开显出对于人性和最适合于人的生存境况的领会和历史实现。这是尧和前面几位帝王的不同之处，他将人生的原初时间领会中潜藏的东西发挥到了一个全新的境界。你读《五帝本纪》，前面几位帝王似乎已经很重视"时"了，黄帝、颛顼、帝喾都有一些"时慧"。他们的聪明劲儿和思维敏捷不止是体现在"理科生"式的敏捷，也就是脑子快，还很有时机感。像帝喾"聪以知远，明以察微。顺天之义，知民之急。……历日月而迎送之，明鬼神而敬事之。……其动也时，其服也士"。后来战国时的黄老学派，也大致是这样，力争去顺应时势而明察细微。在春秋战国时代，出了多少能人和才俊之士，大都善于乘势应时，像管仲、范蠡、孙子、赵武灵王、蔺相如、毛遂等等。范蠡和越王完全不是一个水准，越王只是"业余选手"，范蠡在争得国家的生存空间这件大事上，是真正的高手，对"时"的体验相当精妙。而尧和前面三个帝王的区别，就是把对时机的领受进一步深化、总全化、世代化、德行化、政治化，让这个"时"得其真身，成为构造意义和生存空间的结构，去掉了前三王的时间感受中"不雅驯"的那些东西，也就是那些非时中化的、还受限于对象化力量的东西，无论它是武力、暴力的擅用，还是政治权力的把持，由此而打开了更新鲜、更深邃也更动人的时间视域，揭示出中国古代乃至人类史上最为动人美好的生存境界。

　　《尧典》开篇，"曰若稽古"已点出了时间化的思路。"稽古"既是"考古"又是"同天"，"古"和"天"在中国古人视野中有内在相关性。古是过去的时间视野，过去的时间视野只要足够深远，就会延伸到未来、福泽现在。而古、时、天是息息相关的，后来叫"天时"。所以"曰若稽古"意味着去开启、获得那延伸悠远的时间视域。从这视域中，才可以看出"帝尧曰放勋"的原意。也就是说，帝尧之所以为放勋，成为后人心目中的帝尧，就是因为他活在稽古的时间之中，因此才有后面的四句，乃至十一句描述的帝尧圣德。这么看的话，"曰若稽古"或"顺考古道"并不像孔颖达《尚书正义》解释的那样，是"古人之道非无得失，施之当时又有可否，考其事之是非，知其宜于今世，乃顺而行之。言其行可否，顺是不顺非也"；也就是认为这个稽古是对象化意义上的考古，把"古"对象化为古人或古代的事。你稽古，就是说你去考察古代历史，看出古人有的做得好，有的做得不好，所以我们要从今天的需要出发，以史为鉴，得到经验教训，遵从好的（顺是），避免不好的（不顺非）。一般理解《资治通鉴》也是如此，这太肤浅了。你怎么能首先将"古"作为对象来考察呢？你心中已经有了标准来判断哪对哪错，那考古与求道就没有内在关联了，因为你那标准已经被当作评判古人之道了。这最多只是衍生出来的意思，是在"曰若稽古"而"知道同天"之后做的事情。一开始，这个"古"要比所有的古人古事都更古，是形成所有古老世代的"古"，是形成深远意识结构的一个源头。你不去朝向它，你就无法顺着天而行，无法承天而得道，所以《逸周书·武穆解》云："曰若稽古，昭天之道。"（《注疏》，第 3 页，右数第 5 行）正是通过"曰若稽古"来开显出天道，不是你去衡量"古"、判断"古"，这是很基本的区别。

由此才有尧的"钦明文思安安，允恭克让"。对于"钦明文思"，我用的是郑玄和马融的解释。"明"是"照临四方"，"文"是"经纬天地"。他们对"钦"的理解有一定差距，但总体还是差不多的。但我愿意把"钦明"及"文思"连读。先看"钦明"。既然"钦"被郑玄注解为"敬事节用"，那么这"明"就是敬、节之明，且"明"这个字中含"日"与"月"。也就是说，这光明不是无来源、无节制的，而是从根本上就有阳与阴的交织，有内节奏的。再看"文思"。对于"思"，郑玄的解释是"虑深通敏"，马融的解释是"道德纯备"。而"文"被两位经学家同样解释为"经纬天地"。"文思"就是"经纬天地之思"。"文"为什么意味着经纬天地呢？《易经》的卦象由一阳一阴的"爻"组成，而这"爻"字之象，显明是相交乃至阴阳相交的意思。而"文"的字象中就有爻象之交，内涵日月阴阳，和"钦明"是相关的，因此说它经纬天地。尧的聪明不只是脑子快，如黄帝的"生而神灵，……成而聪明"，颛顼的"静渊以有谋，疏通而知事"，帝喾的"聪以知远，明以察微"；而是"钦明"和"文思"，内有日月、天地、阴阳的相交，因此"安安"。这"安安"被解释为"晏晏"，"晏"又被解释为"柔"（《注疏》，第 4 页，左数第 4 行，引《尔雅》）。这说明尧的聪慧和思想，其质特柔。儒家之"儒"一开始的意思就是柔（《说文》）。柔的意思，一是"木屈直也"（《说文》），木可以根据情况改变形状，随时从境而变；还有一个意思是指草木"初生时的幼嫩"。比如《诗经·小雅·采薇》诗句："采薇采薇，薇亦柔止。"《毛传》曰："柔，始生也。"所以"柔"之意，一是可以时变，二是初生幼嫩。

总之，尧的思想和精神气质是"钦明文思安安"。其"时变"能力和前三位帝王差不多，但尧的时机化特柔，像初生禾苗一样，在一切二元化的割裂之前。那种原发性，那种和平性，甚至那种音乐性，那种不认同于力量的敏感性，是无可比拟的。你去看一个小娃娃，出生的时候是什么样子？你小时候，每个人小时候，都是这样过来的。现在我们是什么样儿？春天草木初生，那鹅黄浅绿中的柔感和希望打动天地人心。诗人更要被它感动得无可无不可。"你的来临勾起我多少忧怨，／春天啊，春天！"（普希金《叶甫盖尼·奥涅金》，第 7 章开头）"春心莫共花争发，一寸相思一寸灰！"（李商隐《无题》）成年的诗人已经承受不起春天之柔了。那个状态是尧给人的感受，这和黄帝的气象不一样。一见到黄帝，就感觉是圣王，不得了，要膜拜。一见到尧，觉得他极其伟大，极其尊贵，但又那么亲切，那么会心感人，如沐春风。

又讲尧"允恭克让，光被四表"。"允恭克让"是说尧"果真是恭敬能让"。这"能让"之"能"和《五帝本纪》讲黄帝"能征"、"能伐"的"能"不一样，在我看来它是更根本的"能"。"克明俊德"还是在说明这"能"。"俊德"在有的版本写成"峻"，被释为"自明"，乃"钦明"之根，"峻德"就是能自己放出光明的德行。这个德行不是一般的大能人之德，不是天赋或后天磨炼出来的能力，那还不是最原本的能。胡塞尔说"权能性"（Vermöglichkeit），海德格尔说"能存在"（Seinkönnen），都是在讲那在一切对象化的存在者之先的原能、使之能；而"峻德"就是"能存在"的现世化，能让各种存在者合乎其命运地存在，"推贤尚善"，所以是原本大能。这是尧的本事，"克明俊德"，由此生出"以亲九族"，这"九族"首先是指尧所在的家族，有的说法是包括他的母族和妻族，有的说法是不包括。很多帝王的"能"往往是给人加负担，而尧不一样，他的"明"里有钦敬、有节制，有日月相交；所以他的"光被四表"让人感觉到是在暗夜迷路中突然看到的光明，让人找到生存的活路和光大之路。这是原本的"克明俊德"，这样的德行才能使九族相亲相睦。

"九族既睦，平章百姓。"按孙本的疏解，这里的"百姓"，郑玄说是"群臣之父子兄弟"。《周语》注曰："百姓，百官也。官有世功，受氏姓也。"（《注疏》，第8页，左数第1行）简言之，百姓在远古时指与帝王共同管理国家的"旧人"，即所谓"邦伯、师、长、百执事之人"（见《尚书·盘庚》），也就是各大小州属的诸侯和在朝的官员，多为世袭，于是各因其职而得其姓氏。"百姓"后来的用法渐趋于扩大，与"民"有交集，甚至就可以指民众。但不管怎样，从"百姓"的构词上就可看出它是与家族姓氏相关的。说儒家以民为本，大致不错，但这不是西方的个体契约化的民主体制中，一人一票意义上的民，因为中国古人讲的"民"不等于西方的"people"，也就是众个人的群体集合。中国的民首先是广义的百姓。它是由一家一姓的众家族——它们之间也有各种联系，比如通婚的联系——组成的人民，此所谓"百姓"也。所以这百姓是有内结构的，不只是个体的结合。

"百姓昭明，协和万邦。"百官的优劣分辨明了，就使天下的众多邦国都得到了内部的和谐与相互的协调。当时中国有很多小国，是百姓结构的国家化，不是秦朝之后的天下统一。中国的先秦政治是大一统，不是大统一，秦朝开创了大统一。而大一统预设了通三统，一统只是三统之一。所谓"通三统"，就是当一个新朝代或新统出现后——不管是以禅让的方式还是革命的方式——要将前两个朝代君主的后裔各封在一个公侯国中，让他们在那里自治，也就是保持前朝的礼仪文化或旧统，并给予超出一般诸侯国的特殊尊重。这样就有三统——一个新统加两个旧统——的同时存在，是为"通三统"。这的确是中华先秦政治中独特而美好的实践，在汉代至清代的悠长历史中也有回声，董仲舒《春秋繁露·三代改制质文》等篇对它有较详细的阐发。有些今文经学家也用这通三统来解释《尧典》的开头（见《今文尚书考证》，第5—6页）。而且，一统本身也是文化上或者政治体制上的多样性结合，里面有大量的政治自由空间，所以我更欣赏"协和万邦"式的先秦体制。汉代很想回到先秦体制，虽没有真正恢复成，但与秦政还是很不一样的。

"协和万邦"之后，是"黎民于变时雍"，一般的解释是：各邦国的民众的关系于是就变得和谐了。"时"在《尧典》中出现了很多次，在中华古文献中也常见。有时候它可以看作古文中的"是"（此，这，它；这个事态，这个东西），或西式语法中的代词"this""it"，冠词"the"。在这句话里，一般就是把它解为"这个情况""它"，代表上文讲的"百姓昭明，协和万邦"。"于时（是）变雍"（"时"与"变"变换位置），有了"它"，民众就变得和谐淳厚了。"言众民于是变化，用是大和也。"（《注疏》，第10页，右数第1行）但有时候"时"就指时，读如其字，随其本义。这两个意思有时候还可以互通，有时以"时"为主，有时以"是"为主。我们看《注疏》第10页右数第2行，"《潜夫论·考绩篇》云：'此尧舜所以养黎民而致时雍也。'……云'致时雍'，疑又以时为时代之时。"皮锡瑞的《考证》赞同这个解释，还引了《后汉书·鲁恭传》来支持："夫王者之作，因时为法。深惟古人之道，助三正〔即三统〕之微，定律著令，冀承天心，顺物性命，以致时雍。"可见"时"既可以是"是"，又可以是"时"，而"是"亦可以是"时"，这恰是中国古代的"时—是论"，西方叫"存在论"或"是论"（Ontology）。"是"在希腊文中是"on"（"einai"的分词），在德文中是"sein"，在英文中是"be"，兼有系词"是"和"存在"之义，所以这"存在论"既与由系词形成的判断的真理性相关，又探讨存在的原意，是传统西方哲学的核心。而在中华古哲理中，"是"在先秦虽有系词性，但不突出；重要的是，它与"时"在先秦是打通的。西方的"是"或"存在"在传统的正宗哲学阶段，其本身是超时间的，与"时"没有内在联系。"是"这个字在古代中文里也不简单，意味着很多东西。其原意是"正、直"，除以上所说的之外，还有"正确""法则""肯定""存在"（如"日暮乡关何处是"）"匡正""寔""则"等等，几乎将西方语法的词性（名、动、形、副、连、介等）一网打尽。这里就不详述了。

总赞结束，下面开始记述尧的言行，当然以"时"为发端。先看"乃命羲、和"。"羲"是一个家族，"和"也是一个家族。尧命令羲、和，也就是这两大家族中的为官者做一些事。做什么呢？"钦若昊天，历象日月星辰，敬授人时。""钦若"即"敬顺"，尧命臣子们去诚敬地依顺上天，但这依顺不是盲从（对苍天你如何盲从？），而恰是要在昼夜凝视它、仰观它之中进入它、真知它，也就是"历象日月星辰"。"历象"被认为是推演效法或"数法"，"象"或又指天象。在观察天象后，推演它们，领会效法它们，然后"敬授人时"，诚敬地将这天时授予人间百姓，使之有生存之时。

既然把日月星辰的天象天时引入了人间，那就绝对不止是知识性的历法。它是历法，又不是一般意义上的，而是"存在论"意义上的、经天纬地以中和于人的历法，大致相当于尧所说的"天之历数"（《论语·尧曰》）。比如，一个新朝代出现的时候，如何确定正月元日、怎么定国家的历法非常重要，一定要"改正"，也就是改变正月以应天时，不然这个朝代就不被认为获得了新的天命。一个新朝代出现，或者是通过和平替换，或者是通过武力推翻旧朝代，而在一般意义上，造反是不合法的，和平替换也有真伪之分。那么如何获得或证明新朝的合法性？这就要通过改正和通三统等一系列举措的成功实施。子月是阴历十一月，丑月是十二月，寅月是一月；如果前一个朝代以子月为正月，这个朝代就要以丑月为正月，依次类推和循环，这就是改正。改了正（含改礼乐），通了三统，也就是前两正或两统的后裔心悦诚服地接受了你的封地，"服其服，行其礼乐，称客而朝"（《春秋繁露·三代改制质文》），那么你就得了当下的正统，也就是正当其时的那一统，你就是真命天子而非篡逆者。而这正当其时，必以保持过去之时并向将来新统之时开放为前提。中国古代政治的"正统"观，就是从这儿来的，充满了生存时间感。而且，尧历象日月星辰，敬授人时，不仅有政治意义，还有宗教的神圣深度。这从后面"寅宾出日，平秩东作"等都能反映出来。他从天上引下的时间，就像神灵、伟人、诗人"从天上引下的神圣之火"，使人间的生存和谐化、美好化。所以就这样一个"历象"之"历"，就有历史之历的意义，参与造就历史和天命。

《尚书大传》里有一句话，由汉儒伏生所传："孔子谓颜渊曰：'《尧典》可以观美，《禹贡》可以观事，《咎（皋）繇（陶）谟》可以观治，……'"（引自《注疏·序》）为什么"《尧典》可以观美"？这从"分命羲仲，宅嵎夷，曰旸谷。寅宾出日，平秩东作。日中，星鸟，以殷仲春。厥民

析，鸟兽孳尾"中可以窥其一角。这一段引文如果用现代汉
语表达，大致是："[尧]分派羲仲去住在东海边的嵎夷，正
是叫作旸谷之地，朝日就从那边的大海波涛中升起。要他虔
敬地在祭祀中引导日出，辨识东春万物发动出生的气象①，以
呼应农耕。春分那一天，日与夜均分；太阳在地上与地下周
行，壶滴箭刻所量，昼夜各为五十刻。这一天的日冥入昏时，
仰观正南方，可见朱鸟（朱雀）七星②灿然于夜空，以此来确
认春三月之中心。这时民众散布在田野，以便耕种，鸟兽交
尾，繁殖生育。"人与天地万物在春时中相遇，在诚敬礼乐里
交织，既鸿蒙阔大，舒张于原隰山海；又精准中节，取信于
日月星辰。读起来是极其深宏壮美，蕴意繁多。这只是在写
春天和东方，后面还有其他三季三方的变奏铺述，层层迭起，
和而不同：

---

① 《尚书大传》："东方者，何也？动方也。物之动也。何以谓之春？春，
出也，万物之出也，故谓东方春也。"（引自皮锡瑞《今文尚书考证》第20页）

② 关于这"星鸟"，有不同的讲法，见《尚书今古文注疏》第16—17页。
如其疏云："经言'星鸟'者，鸟谓朱雀，南方之宿［即文中所谓'朱鸟（朱雀）
七星'］。……《天官书》云：'七星，颈。'即鸟之颈。经云星鸟昏中为仲春。"
但又言："如郑康成之意，南方七宿，总为鸟星。"郑认为这"星鸟"指南方七个
星宿的总称，即所谓"朱雀七宿"，包括井木犴、鬼金羊、柳土獐、星日马、张
月鹿、翼火蛇和轸水蚓诸宿。

申命羲叔，宅南交。平秩南讹，敬致。日永，星火，以正仲夏。厥民因，鸟兽希革。分命和仲，宅西，曰昧谷。寅饯纳日，平秩西成。宵中，星虚，以殷仲秋。厥民夷，鸟兽毛毨。申命和叔，宅朔方，曰幽都。平在朔易。日短，星昴，以正仲冬。厥民隩，鸟兽氄毛。帝曰："咨！汝羲暨和。期三百有六旬有六日，以闰月定四时，成岁。允厘百工，庶绩咸熙。"

我在美国读博士的时候，校区中有一个湖。有时论文写好了，心情放松，就沿湖散步，感受春意盎然的自然。多次沉迷于一个想法，就是回国办一份报纸，名字都起好了，叫《天人福报》。人类的历史，数千年来，无论是史书，还是媒体，大都记录那些人间的丑恶，充满了暴力、背叛、堕落和残忍，让世间充满痛苦。我当时特别想做的这件事，就是要唤起天人之间原本的关系和感受。我大学毕业到环保局的自然保护处，想搞自然保护，也是这个意思。而这份报纸要做的，就是报道什么地方开了一种什么野花，长了一种什么野草，什么地方结冰了、开冻了，哪里看见了第一群归来的鸿雁，哪里又听到了哪种鸟鸣；什么地方老百姓开始了一种农作，或者什么样的活动，哪里又听到了一首动听的山歌，看到了亲慈子孝、乡人相助的美德……有《礼记·月令》《夏小正》和《山海经》的味道，也得《聊斋》的某缕韵意，但更自然，透入最淳朴隐微和天然发动的天人之际，感受到"天上人间"的原本之事之时。让人一报在手，就进入另一个世界，一个能"避秦乱"的美好世界。回头来看，以一己之力，根本做不成那个，不过现在也没有完全死心，所以还提出"儒家特区"的设想，它与那时的幻想也有关。我的意思是，反复读《尧典》这一大段，你就知道这才是尧的生存世界的精神引导。首先它是一种时雍化，即天人偕漾之时间及相应的群体意识所导致的那种和谐、那种回荡，还有这种和谐与回荡在人间不断的层层披现。我那时正读海德格尔，他晚年的时候最喜欢解读荷尔德林的诗，荷尔德林有一名句，"充满了劳绩，但人还是诗意地栖居在这片大地上"，常被他引用；它描述的诗意栖居，在所有西方哲学家、思想家中是最近乎尧时期人的生存境界的。所以说"《尧典》可以观美"，这是大美。

有人说"平秩东作"意味着尧命羲和代表国家，去组织人民、领导人民进行农业生产。我觉得就"组织"而言是不对的。尧那个时候要什么组织？最多是告诉老百姓，这个时候到了，可以干什么了，只是一种时机提示。尧时代是不会有人民公社那样的组织的。大家读《论语》时可以发现，孔子最无保留赞美的一是尧舜，二是颜渊。有人问孔子：你的学生谁好学，谁得了仁？除了颜渊，孔子都不认可，即使如此，也有半句、一句批评的话，只有对尧是无保留的极度赞美。《论语·泰伯》记道："子曰：'大哉，尧之为君也！巍巍乎，唯天为大，唯尧则之。荡荡乎，民无能名焉。'"组织百姓去耕耘的帝王，哪里会有这"荡荡乎，民无能名焉"的气象，而这气象，要那"八十老人"的"击壤"之歌才得其"敬授人时"之意："老人曰：'吾日出而作，日入而息，凿井而饮，耕田而食，帝力于我何有哉！'"（《帝王世纪》）这老农人根本感受不到尧的统治之力，其生活是完全自由自在而又"诗意地栖居"着的。这才是对一个统治者最高的赞美，不需要任何意义上的"上帝之城"。

只有反复读《尧典》中"乃命羲、和"至"庶绩咸熙"这一大段，结合《礼记》《大戴礼记》《诗经》和《论语》，才能逐渐品味出尧的"钦若昊天，历象日月星辰，敬授人时"的巨大感化力，不仅直接影响了舜和禹，而且通过通三统塑造了华夏的正统观。此为尧的时德！"尧曰：'咨！尔舜！天之历数在尔躬，允执其中。四海困穷，天禄永终。'舜亦以命禹。"

（《论语·尧曰》）这才是尧舜禹三代传承的生存心法和正统。这个"历数"既不只是历法，但又与天地人时（含历法）息息相关，也不止于帝王相承的次序；它是天人之原时的节奏，谁直接体验到它，谁就会诚信追随于它的中极发生态，谁就会得到天命。《五帝本纪》对前三王在历法方面的努力和成就也有描写，如"迎日推筴"（黄帝）、"载时以象天"（颛顼）、"历日月而迎送之"（帝喾），但到尧这里，整个气象就大不一样了，升华成了一首生存神圣化、时空协韵化的全生态颂歌。"巍巍乎，其有成功也；焕乎，其有文章！"（《论语·泰伯》）一篇笼罩了华夏主流文化的好大文—章！当然，不要忘了前面讲过的这"文"的"爻"意。下一部分，我们将探讨这种文章时德的更深入表现和构成，也就是它如何体现于"人事"之中。尧为什么会接受对舜的推荐？他是怎么测试舜的？《旧约·创世记》里，耶和华选择了亚伯拉罕，让他的子孙传诸万代，于是就要亚伯拉罕把自己的孩子杀了献祭，以此考验他。而尧怎么考验舜？尧舜两圣帝希望开显出一种什么样的生存结构？

　　大家对以上所讲内容，有什么问题和评论，现在都可以提出来。

学生一：张老师您好。您说下一部分会讲到尧如何接受群臣对舜的推举。按照《尧典》的记载，百官说到舜的父母怎样不好，而舜以自己的德行去感化他的父母，这在后来的儒家思想中也有体现。但问题是：现在看到的《尧典》是经过孔夫子删改的。这有两种可能，一种是孔子思想和《尧典》时代人民的思想一脉相承，继而发展过来。还有一种可能是举荐舜有很多原因，而孔子认为其他的原因不重要，只把他认为重要的原因留下来了。您更倾向于哪种观点？为什么？

我倾向于认为，孔子当时只是选书，对《尧典》没有做重大的删改。儒家之所以与其一致，是因为孔孟自觉地继承了尧舜之道。舜有大孝的能力，问题在于孝的能力和其他的能力，比如治国的能力有什么关系？接下来的讲课，我想谈谈这个问题。孝难道只是一个伦理的德行？

学生二：按照孔子的说法，孝是德之本，但那是孔子的说法，在《尧典》的时期是那样的吗？

对呀，我想探讨的不仅是孔子的说法，而是在一个广义哲学人类学的基础上探讨。之前我们讨论到如何寻找最美好的生存方式、政治方式，就不限于孔子。孔子当然是很后于《尧典》时代才出生的，但他认同《尧典》记述的尧舜事业和思想，认为那里有最美好的政治与道德。

学生三：您提到《尧典》中很重要的一部分，是确定了历法，春分、秋分等等。您认为在《尧典》中，"时"的概念，如同西方的柏拉图 [所处理的理念和现实的关系]，是把"天时"当作一个绝对真实的存在，人类的"俗时"只是延伸和模仿它；或者，我们之所以确定天时，是因为人类的存在要变得真实？还是像道家思想那样，说"天时"是这样的，"道"的体会是这样的？我们要达到天人合一的境界，是像希腊古代神话讲的"宙斯规定春风之后的第一场雨，要播种"，是从实用的观点考虑吗？您倾向于哪种观点？

当然不是柏拉图式的。"天时"不是天上的时，比人间的时更真实。它是历象交织出的时，与"人时"相贯通；但要人去仰观天象，才能天人呼应，将人间的时间经历带到更深远中节的境界。柏拉图为各类事物、各种美德设定理念，但没法为时间设一个"时"的理念，因为"时"是变动的。这是"时"的独特之处，毕达哥拉斯的数论哲学学派就说时间的数字是 7，即 10 以内的最大素数，而素数是特别各色的数，只能被 1 和它自身整除。但"时"——无论是天时还是人时——恰恰和永恒不是没关系。柏拉图以及西方真正深刻的思想家都探讨过时间的问题，感受过时间那改天换地的永恒巨力。奥古斯丁有一个著名的慨叹："没人问我时，我还知道时间；别人一问我'什么是时间'，我想弄明白，却马上茫然失措了。"所以西方的传统哲学家也可以深刻地感受时间的魅力，但不能从根本上容忍它，无论是柏拉图的理念世界，还是上帝的世界。时间必须被框起来，有一个创世起点，一个末日终点，是上帝实现其目的的过程开展，他们才好理解。

我不一定抓住了你后面问题的要旨。道家认为"天时"和"道"是很有内在关系的，所谓"天道"是也。这一点与儒家一致。我认为在《尧典》中，"天时"即"天道"；而在尧之前的黄帝、颛顼、帝喾时期，"天时"与"天道"有分离。黄帝时期，天时和人的历象、历法也有关系（"迎日推筴"），但真正把这两者与天道打通还是在尧的时代。这种天人沟通的境界与农业活动自然有关，我们下面也会讲到，但不止是实用层面上的。

学生四：我有一个关于古典文本阅读方法的问题。我知道张老师研究过西方的现象学。我对现象学不太了解，我感觉您对《尧典》的解释利用到了现象学的方法。甘老师和刘老师提倡斯特劳斯的字里行间法，对古典文学进行逐字解读，讲究对显性之下隐微教诲的破解。您认为对中国的古典文本应该用什么样的方法阅读？中国古典文本是否和西方文本一样适用于对显性和隐微教诲的区别解读？

你说的不错，我可能自觉不自觉地用了现象学，但我希望是用广义现象学，是朝向事情本身的，在这里就是朝向文本本身，朝向历史本身。是否充分，要由大家来判断。至于甘老师和刘老师的方法，和现象学的方法颇有可交织的地方。现象学的方法里面当然有显和隐，因为现象学方法的源头处是"时间意识"，而从胡塞尔直至海德格尔，时间意识的根深处恰恰是"隐"的，是"匿名的"、非对象的、潜滋暗长的。我们于不自觉之中也在构造原本的时间，它是原本意义生发和维持的机制和"地下水层"，但表现出来的时候，在每个具体的情景中，会因触发的机缘而生成显象之物。所以在胡塞尔、海德格尔等现象学学说里，确实有隐和显的双向度。我不太了解斯特劳斯，但我知道柏拉图的学说有显说和隐说之分，后者即所谓"未成文［未入对话集］学说"。我只是觉得，不要事先就设定隐义，再据此而去读文本，这样隐就可能失其真隐境界。通过仔细读解，文本本身展示出隐义当然很好，但不必强求。像在《春秋》公羊学这里，显隐两个向度的区分、解读和打通是很重要的，"微言大义"嘛，这个隐是绝对必要的。我曾在一本书中用两章专门讨论这个，为什么《春秋》公羊学在数百年中一定要有隐蔽的口传和显在的文本并行。孔子"作《春秋》"的时候，是不是故意做成直接难于读懂的破碎文本，逼着学生还要用口传去传解和读懂文本？这样一显一隐，才会生发出历史传承的灵感激发力，以至于到了汉代，正是凭借《春秋》公羊家，儒家才登上了历史高峰，说服了汉武帝，成为中国的主导意识形态。可见，隐和显其时义大矣哉！但我不希望事先设定它们。

五　尧知人之能与舜行孝之难

尧政的首次表现，在《尧典》中就是"历象授时"，表明尧的这种内在的生存时间意识的极其深长发达。"时"这个字在《尧典》中出现多次，仔细琢磨，都很有深意。而原本的时间意识恰恰是尧的原发之能（"克"）与明的来源。现象学发现人的意识源头在显隐有别而又不二的内时间体现方式中；或者说，人的本性、人的原本生存能力是处于时间性（Zeitlichkeit）和时机化（Zeitigung）里的。用一句简单的话来说就是：你的时间意识、时间视野有多长、多深，你的感受能力和你的人生境界就有多广，就有多奇。

1. 时与意识及政治

当代认知科学也想发现人和其他的灵长类尤其是黑猩猩的意识到底有什么不同，也就是想找到人类独特性的具体体现——在大脑与意识的结合体中的表现——到底在哪里。我看过一篇很有意思的论文，研究人员在加拿大发现了一个病例：一位年轻人骑摩托车出了事故，大脑受伤。奇特之处是，他失去了历时记忆（episodic memory），也就是清楚地回忆自己的亲身经历的意识能力，但却保留了其他几乎所有的意识能力，包括所谓语义记忆（semantic memory）的能力。这个人表面上看一切正常，似乎什么都能做，能下棋、玩牌、弹琴，甚至还有小幽默感。他的一般记忆也正常，能记住他自己以往生活中的客观的、公共的语义信息，像自己的生日、以前上过的学校、以前自己车的颜色，等等。总之，从一个观察者的角度能够知道的关于他的信息，他都保持着。他的短期记忆也基本正常。但他丧失了在时间中穿行（time travel）的能力，他不能活生生地回忆起以前的经历过程，当然也就不能翻过来设想自己未来要去做的事情的状态，没办法在头脑里栩栩如生地构造出那个情景。心理学家和认知科学家说，从这个病例可以看出，人有两种记忆，即历时记忆和语义记忆；它们分属不同的大脑部位（所以此人可以伤了前者而未伤后者），有不同的记忆和意识功能。这个人还有语义的记忆，可以记住很多事项和信息，而且可以有效地运用它们，就像许多动物如鸟、狗、马、猿那样，但就是不能亲身再体验到自己过去是如何经验它们的。因此，这个丧失了历时记忆的加拿大人，就没有正常人所具有的一些最重要的意识能力，比如筹划未来和基于历时记忆的自身感受及深刻情感的能力。他在人类社会中的生活也无法自理，一直与父母住在一起。

可见人的那种深长的生存化的内时间意识非常重要，它使我们具有人的特点和人的独特能力，比如由广义的"曰若稽古"过程所激发出的感知力和道德能力。为什么要仁、义、礼、智、信？比如，为什么要守信用？如果不守信用得到的生存优势更大，为什么还要守信？实际情况是，如果要短期生存，骗人往往对你更有利。按照在北美举办的一次电脑程序大赛的规则（参见阿克塞尔罗德所著《合作的进化》），你的程序欺骗对方，而对方想与你合作，你就得手了，得五分，被骗的得零分；但如果骗子碰上了骗子，那么双方各得一分；如果好人（即想与对方合作的人）碰上了好人，那么各得三分。赛了两次，中间隔了充分时间，让参赛者总结经验和调整应对策略。结果出乎所有人的意外，两次大赛都是一个总是先合作再"后发随人"（即总是用对方上一步的策略来回应它）的程序得胜。它怎么就不怕被人欺骗而得零分呢？前提就是，这个交往过程必须有一个相当的时间长度，当事者会多次相遇，互相也都记得对方上次如何对待自己，而且事前参赛者都不知道比赛什么时候结束，总之是尽量模拟人生乃至生命界中的时际或实际交往情景。它表明，只要相互接触的时间一长，德行——这里表现为合作——就开始有道理了。也就是说，生存时间的境域结构塑造着生命体的意识和道德感。因而可以设想，那些有着深长的时间体验能力的人，会更有广义的合作感受力或德行智慧。现在所谓"道德滑坡"，其深层原因就是人的生存时间被切割得七零八碎，不复深长了。

中华民族的远祖，也就是伏羲、炎帝、黄帝为代表的古帝王，在"时意识"方面已经表现得很出色，比如伏羲画八卦，卦象中有阴阳之时。之前我们也讲到了，《五帝本纪》记载的前三帝，对"时"也有令人印象深刻的感受和反应；而到了尧的时期，这种本来是人类特点的、但在华夏古文化中受到特别关注的对生存内时间的自觉能力，就变得特别发达，除了表现为全息化的历象授时之外，还表现为能知人。此种"能"很关键，"樊迟……问知［智］。子曰：'知人。'"（《论语·颜渊》）为什么智慧的要害在"知人"？因为知人最难又最重要。《孙子兵法》说："兵者，诡道也。"为什么是"诡道"呢？因为这里你要知的东西不只是对象。你想知他，他也想知你；你想骗他，他也想骗你。人是最善于伪造的，他的时间能力使得他特别能虚构和欺骗。我们现在越来越生活在能虚构的时代，因特网络整个就是个虚构的世界。所以从根本上说，人是世界上最难知的。不止是人善于当场作伪，有二心，就像荀卿讲的人心有"两拟"，阳奉阴违，而且连当事人本人都往往不知道他自己真想要什么，在下一个情景中，会做出什么反应。基于此，萨特说人有自欺的本事，不但能蒙别人，还会蒙自己，让自己相信他去干那件坏事是出于好心。有一本书叫《黑猩猩的政治》，是不少美国议员都要读的。黑猩猩会玩儿某种政治，说明它们有某种生存时间意识，但它们还是缺少充分地、存在论地穿行时间的能力，而人有这个本事。希腊悲剧《安提戈涅》，歌队有一段著名唱词："世上有许多奇怪的东西，但哪一个也比不上人的奇怪。"人是让包括自己在内的其他存在者最心惊胆战的存在者。所以东西方圣贤和智者们都知道人心难知、难信。

西方近代的主流，干脆放弃知人的追求，根本就不期待人会自觉守法。在自然状态中人对人是狼，所以只能用制度来重构和防范。首先要把人想得可以最坏，其理性的首要原则只是自保自利，这样的人们共处一起，大家就都不安全，于是就以或明或暗的方式签订一个契约，把每个人（实际上只是男性成人或家长）的权利交给国家这个政治机构，以便每个签约人从中获得超出自然状态——那里是每个人对每个人的战争——的更大利益。可是掌管国家的还是这种天生就要自利的人，因此近现代西方民主制和三权分立就是要防范发生最坏的情况，让人与人、机构与机构相互制约，宁可牺牲效率。

这思路在古希腊的时候已经出现了。无论柏拉图还是亚里士多德，都说人类的统治方式有三种：一人统治、少数人统治、多数人统治。根据这三种统治方式就有三种政体，其中又有守法和不守法之分。守法的政体有王制、贤人制、民主制，这三者中王制最好，因为都是为了公共利益实施统治，当然王制最有效。柏拉图还主张，要哲学家或最智慧者做王才最好。贤人制也不错，民主制大家七嘴八舌，效果差，口味也低，见识也短，所以在三者中是最差的。但是，如果大家都不自觉守法，只为个人谋利，那就有相应的三种政体，即僭主制（一个人统治）、寡头制（少数人统治）、民主制（大多数人统治）。这时候就倒过来了，在这不守法的情况下，民主制最好，因为最能防范不守法的统治者。寡头制次之，僭主制最差，一个独裁者任意而为，没人管得了他。柏拉图曾两次想说服叙拉古的僭主实施他设想的王制，结果被卖为奴隶，所以他说现实中没有守法的。这样民主制就是不好中的好。

但守法的民主制毕竟要比不守法的民主制好得多，而且民主制的本意就在前者而不在后者，这是杜威的思想。民主的生命力在哪儿？在于社区，社区的原本团粒结构是民主的生命源泉。大家读杜威的著作，有很多这方面的精彩讨论。可问题是怎么预防不守法出现？让不守法变成守法，让守法变得超守法，也就是他们守的不是一般法，而是天时之大法，天道之大法。中国文明存在那么长时间，如果其主流有新文化运动谴责的那么多弊端，为什么会如此长久地存在？你当中国人傻吗？中国人可爱造反了，那么多的机会，为什么不选择别的政体？这是因为儒家提供了两方面的措施。一方面是通过某种制度甚至是超制度手段，比如谏议制、天命教育乃至革命，防范不好的；另一方面就是找到了比较有效的知人、成人、择人、传人的办法，这是中国古代政治中最优越、最有效的办法。中国古代的政权，如果不尊儒家，往往十几年、二三十年就出问题，不是大臣篡位，就是皇族传位出乱子，宫廷内搞得血淋淋，最后完蛋，自作孽不可活。而知人的要害，对尧来讲，就在于开发出充分的时间意识。所以我们先讲了尧政开发时间意识的举措（《尧典》第二部分），然后讲尧怎么择人（第三部分），这是有内在联系的。迄今还没有人注意到这一层。

2. 尧择人——更深的人时

尧这种超常的知人之能先以对抗激荡的方式表现出来。尧问群臣："畴咨若时登庸？"——谁能来接办这件事？什么事呢？注家们有不同解释，或者说是接替老去的羲、和来应天授时，或者说是接替尧的帝位。考虑到接下来的对话中都是在寻找办事（政事、治水之事）之人，直到失望之后才找接位者，我倾向于第一种解释。这时候大臣放齐就说了："您的儿子丹朱，又聪明，又能干，可接此任。"尧一口否决，说："吁！嚚讼，可乎？"（"啊呀！他说话不实，好争辩，这种人可用吗？"）一般的父亲看自己儿子的优点多，而且这位大臣推荐尧的儿子，赞他"启明"，也就是"心志开达，性识明悟"（《尚书正义》疏），说明丹朱起码是个脑子快、能力强的人。尧否定的理由则是说丹朱好争辩，言语失真。《左传·僖公二十四年》曰："口不道忠信之言为嚚。"这是《尧典》里亲子关系第一次具体显露，就很不寻常。此书中血亲关系扑朔迷离，后边会再讨论。大臣推荐的下一个人，即共工，也是首先因为说话的问题被尧否定了。一个人说话总要占理、总显得好听，意味着他总倾向于将所理解的东西加以观念对象化，没有感受时境本身所潜藏的更多更深的意思和可能；换句话说就是，此人的时间意识，尤其是时德出了问题。所以孔子也对"言"与"仁"或时德的关系，有极大关注。"巧言令色，鲜矣仁。"(《论语·学而》，《论语·阳货》)"君子欲讷于言，而敏于行。"(《论语·里仁》)"仁者，其言也讱。"(《论语·颜渊》) 你的语言能力很强，表达能力很强，争辩能力强，可以抓住别人的弱点，这种人当律师合适，可是能委以大任吗？尧说不行。尧知人的能力就由此而被一层层表现出来，其根源是他的时间意识。真正"时"的问题，恰恰在于知人；整个国家、民族的命运就系于这接班人的身上，要跨越物理时间而达到他的生存时间维度，才能透过时间的壁障而知道这个人将来会怎么样。尧最大的本事在我看来就是他感知生存时间的能力超常，其内时间的自觉意识已经被拉抻到极其深长微妙的地步，所以毫不犹豫，立马否决他儿子的从政机会，因为他深知，这对国家和丹朱本人都不利。

尧接着问："畴咨若予采？"谁能承接这政事啊？驩兜就推荐他的一个好朋友共工："都！共工方鸠僝功。""都"是一个正面的感叹词，"啊！共工已经积累了如此多的功劳了呀！"共工肯定是极有能力、极有威望、极有成就的人。但尧知人的能力再一次绽放，他说："吁！静言，庸违，象恭滔天。""吁"是个负面的感叹词。"静"是指善、美，说共工说话很漂亮，但言行不一；行为上显得很恭敬，但慢待、违背天。尧怎么敢说这话？人家说话说得好，功劳大，态度又恭谨，一切都像接班人，但尧说他不行。他怎么知道共工"滔〔慢〕天"？大家注意这里的"天"和"天时"（"天性""天意"的源头）的关系。如果按"历象日月星辰"那样的气象来设想，唯有能配这个天的人才是值得信任的，能够把民族带到像天行一样长久运作而不坠的地步。但什么样的德行能配天？你当这是虚幻的东西？不是，对当时的人，尤其对尧舜这种伟人，对后来的范蠡、孙子这样的智者，他们从天地四时中得到的绝不止是现在意义上的历法，而是充满了对天意和人事的理解。这个人没有四时而行的气象，只有夏天的气象太炎热，或者只有冬天的气象太阴冷，尤其是阳奉阴违，搅乱"四时行焉"，让百物不得兴焉，都不行。所以"天"或"天时"不可慢待呵。就这样，把共工也否决了。

然后尧帝曰："咨！四岳，汤汤洪水方割，荡荡怀山襄陵，浩浩滔天。下民其咨，有能俾乂？"谁能去治水救民？

四岳一起说:"於!鲧哉。""於"(wū)也是正面感叹词,赞叹鲧不得了,只有他配做这事。"帝曰:'吁!咈哉,方命圮族。'"——噢呀!不对吧,这个人放弃天命,把自己的家族都会搞垮。这个谴责更严厉,更有跳跃性,也可以说是更有时间跨度。尧怎么就能看出让四首辅大臣齐声称赞的人如此不堪呢?但四岳这次不干了,因为尧实在是走在物理时间和日常时间认知之前的人,他的一再否决让大臣们无法理解,于是又一致坚持:"异哉!试可,乃已。"四岳是说:不像您说的这么差吧!先试试鲧,不行再罢免他吧。尧只好让步,说:"往,钦哉!"好吧,鲧,那你就去治水,要敬守职责啊!但鲧治水九年,也没有成就。"九载,绩用勿成。"依然洪水滔滔,老百姓不得安生。尧已预知此结果了。

帝曰:"咨!四岳。朕在位七十载,汝能庸命,巽朕位?"帝尧于是说:四岳啊,我在位已经七十年,人也很老了。而且尧可能还有些灰心,觉得你们这些大臣推荐的人都跟我想的不一样,干脆我退位吧,找一个人接替我。于是问:你们谁能担当大任,来接替我的帝位呢?"岳曰:'否德忝帝位。'"四岳都说:不行啊,我们的德行鄙陋,不配此帝位。尧也知道他们不行,就说了一句使局面峰回路转、柳暗花明的话："明明扬侧陋。"司马迁把它表述为："悉举贵戚及疏远隐匿者。"即：那就在贵戚显明者中，或在疏远隐伏者中，举荐能接我帝位的人吧。也就是不拘一格选人才之意。"扬侧陋"三字值得品味。"扬"是"举荐"。"侧"的字义有"偏仄""边缘""倾斜""不在视野正中"。在此被有的注家解释为"伏"，也就是"潜伏于低微处之人"，"陋"则被解释为"隐"，"侧陋"也就是"卑隐而匿藏之人"。可见尧对于那不在视野当中（不在"明"处）、但又不完全脱离视野，也就是处于侧隐处的存在者和存在形态的高度敏感。这其实也是他的时德之表现，因为原本时间就是由过去与将来这些"边缘域"（Horizonte）交织构成的，所以有内时间感的人对"侧隐"和"陋微"的边缘处的看重，绝不在对"焦点"的关注以下。

"师锡帝曰：'有鳏在下，曰虞舜。'"众臣就对尧帝说："有一个民间的光棍汉，叫虞舜。"这时候舜差不多三十岁，还未娶妻，在那时不多见，所以称其为"鳏"（不是指妻死未再娶者）。虞是舜所属的氏族名，舜是他的名字，但舜的名字又叫重华，所以有人说舜是死后封的谥号，今文家反对此说。又有人说舜的姓来自于他所居住的地方，叫"妫"。这么古远的伟人，有不同说法亦属正常。众臣子以前推举的人，尧帝都不满意，看来在明处不易寻到真人才，他就期望大家摆脱开现成化的视野，不拘老套儿地举荐。臣子们这回可就真的"扬侧陋"了，推荐了舜这个民间的光棍汉，说不定也是想难为一下尧——你不是总不要高位的、有功劳的人吗？那就给你来一个低微且无劳绩可言的。"帝曰：'俞［这也是正面的感叹词］，予闻，如何？'"尧帝说："啊，我听说过这个人，他怎么样呀？"马上表示出了兴趣。"岳曰：'瞽子，父顽，母嚚，象傲；克谐以孝烝烝，乂不格奸。'"四岳就说：他是一个瞎老头的儿子，父亲愚劣不堪，后母说话刻薄，弟弟象很倨傲，但舜却仍然尽孝，不仅凭此把家庭关系调治得和谐，还使这孝德皇皇厚美，让三位亲人不至于陷入最坏的地步。"帝曰：'我其试哉！'"尧于是说：我要来测试一下这个人。

这是《尧典》中一个关键性的顿挫转折。那么多的高位之人被尧看出问题，整个国家面临人才危机，却在极低微处出现了几乎不可思议的转机。他要选的是治国人才，历史上从"侧陋"中选拔出的不乏其人，像伊尹、姜子牙、百里奚、诸葛亮，这些人虽一开始蛰居低位，但后来引起当权者关注的都是他们超常的治国之才。周文王与姜子牙晤谈，秦穆公和百里奚会话，诸葛孔明未出茅庐而知三分天下，都是文韬武略，光彩照人，潜龙一遇明主就"见龙在田"乃至"飞龙在天"了。而虞舜引起尧帝关注时，却并没有显露什么大本事，只是孝顺父母，友爱劣弟，将难处的家庭关系协调过来，似乎离一个治国的贤圣大才还差得远。尧凭这"克谐以孝烝烝"就选择了舜，风险不是太大了吗？大臣们推荐的前三名候选人，尧根本都不要试，在对方的坚持下才勉强试用了鲧；而一提到舜，尧马上就说"我其试哉！"，决定要测试乃至试用舜。这正是尧"巍巍乎"之伟大处。正是在这被"克谐以孝烝烝"引发点燃的时水智火里，《尧典》全文、尧的政治、华夏的政治，乃至中华民族后来数千年的政治、哲理和文化，经历了一次特别深刻柔长的转变，出现了一种比上面讲到的"敬授人时"还深刻的人时，实际上是天人相交之时。它使得人间社会变得更有人——仁味儿，具有感动和转化人的生存结构的原能力。

尧为什么只看到舜的孝行就选择了他？因为孝本身是一个生存内时间的人类美德。我们之前讲道，黑猩猩很聪明，海豚的脑容量也很大。黑猩猩有自我意识，能制造和使用工具，还可以学会符号语言，又会玩政治，但是你教黑猩猩去尽孝，却不行。你可以尽一切办法去教小黑猩猩"百善孝为先"，教它应该如何对待母亲，然后看小家伙长大了，能不能在它妈妈衰老时去喂养和扶助她？我估计做不到的，野外观察没有发现这种现象，看到的是相反的情况，也就是黑猩猩一旦长大，要自己哺育后代时，是不会真的去管老母亲的。所以"孝"是很奇特的能力。我写过一篇论文论述孝的时间性。[1]孝从根本上讲是亲子关系中的一种，而亲子关系首先是时间关系，即代表过去的父母亲和代表未来的子女的当下共同存在；换句话说，父母亲对子女的慈爱和子女对父母的依恋及孝爱，两者交织成活生生的现实家庭生活。家从根本上看就是代际生存时间的生发境域。但慈爱和孝爱对于人有不同的含义。父母亲对子女的慈爱极为天然，是顺物理时间之流而下，连动物也有这种爱，哺乳类、鸟类都有，所以慈爱不稀罕，但极其伟大动人。孝爱不同，它是逆物理时间之流而上，比慈爱难出现得多，因此到目前为止，我们发现只有人才有它。父母亲爱子女不用教，几乎是本能。子女爱父母

---

① 见本书附录，《孝意识的时间分析》。——编者注

亲，小时候不用教，大一点了，就像学语言一样，你不去引发，就不一定能出来。我现在还在研究，什么时候孝最可能被引发出来。而孝一旦被引发，就像你一旦学会语言，带来的意识效应是巨大的，会连带出包括道德意识在内的很多意识后果，让我们更像个人样儿。我以上提到过的时间意识的深长化，既是孝出现的前提，又需要孝的出现来充分实现之。所以孝在我们人的意识中有一个连带的集群效应。孟子说不孝（无父）之人就是禽兽，似乎言之过重了，但也确有它的一定道理，因为孝使人在完整的意义上成为人。总之，孝爱比慈爱难以出现，但它一旦出现，会带来意识结构的重要转化。

我们一再讲了，尧有极其深长和敏锐的生存内时间意识，因而一听说舜是孝子，而且孝到这个地步，就被唤起了不寻常的兴趣，感觉那里面很有可能包含着一些极重要的东西。

3. 舜孝之极度艰难；它为什么可能？

孝比慈更难，而我们又看到，舜的孝更是极其艰难的。"二十四孝"的例子之中，还有哪个能与舜孝之难相比？没法比！不止是"父顽，母嚚，象傲"，其情况之恶，在《五帝本纪》中还有更多的描述，充满了杀机。"舜父瞽叟盲，而舜母死，瞽叟更娶妻而生象。象傲〔倨、慢。反悌〕。瞽叟爱后妻、子〔亦有亲情，但未得其实〕，常欲杀舜〔反慈。'顽'逆之极！〕，舜避逃；及有小过，则受罪〔其中有时机化智慧〕。舜事父及后母与弟，日以笃谨，匪有解〔懈〕。"瞽叟等三人之恶，表现在一开始虐待舜，后来看到有财产等可夺，就想杀掉舜。舜当然不甘死，是因为他要自保吗？有这个因素，但更重要的是舜不愿意让他的父亲等人犯下杀子杀兄之罪。此《本纪》后面还写道："欲杀，不可得；即求，尝在侧。"他父亲伙同继妻、象要杀舜的时候，未能得逞。舜这个人就有这本事，他父亲一要杀他，他总能逃掉；但真需要他时，又总出现在父亲的左右。所以舜实现了孝本身含有的时间意识，在最逆反的情境中以最富于时机化的方式实现之。

局面已经坏到极致了，恶到不能再恶，舜面对这样整天要杀他的父亲、后母和弟弟，还能够有烝烝之孝吗？基督教讲要爱你的仇敌，爱仇敌做不做得到？如果已经是你的仇敌，我觉得没有一个超越的原则，从观念上都做不到；而依据一个超越的原则，即便从观念上、意愿上可以做到，但人的自发情感本身还是做不到，这里强扭也不管用。有的基督教学者说：想到上帝竟然能够如此爱我这么一个充满罪恶的、完全不值得被上帝爱的人，并为此而献出了他的独子为我们赎罪，我就可能对于我的仇敌也产生爱，因为他不配我爱的程度，要比我不配上帝爱的程度小得多的多。如果这种爱仇敌的爱——是真实的爱，不是宽容，甚至也不等同于怜悯——毕竟可能（对此我还有保留），也转移不到舜的情境中来，因为这里既没有人天生有罪之说，也没有一个为人赎罪的神子。所以儒家要从爱你的子女和父母开始人的爱意体验，并从里面看出了爱邻里和爱天下人的契机，乃至消泯仇敌于无形的可能。

那么，舜是通过什么方式，在反慈、反悌的局面下，不仅依然维持住了家庭关系，而且还有真实的孝爱和友爱？我觉得这是《尧典》《五帝本纪》《孟子》等古籍所载虞舜孝行事迹面临的最大挑战，又是最大"看点"。不充分理解这个问题的关键性和严重性，就不知它为何是儒家所有学说的活眼所在，是儒家的孝起点所包含的独特超越性之所在。《尧典》起码以隐含的方式摆出了这个问题，这使得它中华第一典身份的含义更加丰富深刻。这个问题是不可不问、不可不答的，而几千年来，很少有人正面提出这个问题，所以即便古籍中已经有了回答，也很少得到应有的鉴赏和充分的领会。有人从侧面来涉及它，像韩非就说根本没这事，这是不可能的，舜不是真孝。

西方近代的家庭观、亲子观除了自然状态中的征服说（比如霍布斯认为亲子关系开始于亲对子的生命保留所导致的主人地位）之外，基本上是契约型的，认为在国家出现后，家庭是一个潜在的契约共同体，家人须要相互往来、平等协商。有谁违反了这契约，他就自动失去家庭成员的资格，其他人就可以不拿他当家人看待。换句话说，父母不慈，则子女就可以不孝，这理所当然。西方有位评论家前段时间写过一篇文章论述《哈利·波特》中的亲子关系。伏地魔的父亲在他母亲怀孕的时候，抛弃了她，使她当街流浪，最后到孤儿院生下伏地魔就死了。伏地魔长大后找到他父亲，不但把父亲杀了，连祖父祖母也一块儿杀了。有的评论者居然说，由于家庭是一种契约关系，所以伏地魔生理上的父亲因没尽父亲和丈夫的责任，这契约就自动解体，亲子关系也就不复存在。它隐含的意思就是，伏地魔杀他父亲已经不是弑父之罪了。最后伏地魔自己成立了一个邪恶的团体叫"食死徒"，在其中寻找家庭关系的替代者。我不认可这种解释。

柏拉图的《欧绪弗洛篇》里，一个叫欧绪弗洛的贵族小伙子到法院去告发他的父亲杀了人，原因是他父亲要惩罚一个犯了大错的奴隶，因处置不当，非故意地致其死亡。苏格拉底很纳闷，你怎么敢做这样的事？小伙子说，别人说我控告自己父亲是不虔敬（impious，不孝敬），可我却是从虔敬神的立场来这么做的。苏格拉底说，你如果这么相信自己是虔敬于神的，那么就请告诉我什么是虔敬（piety）吧，因为现在正有人控告我对神不虔敬呢。这个小伙子说，虔敬就是像我现在这样，完全按法律来办事，因为我们的神就是这样的。最公正的宙斯神把他的父亲克洛诺斯（时间之神）用铁链捆绑起来，因为他不公正地吞食了他其他的儿子。你不父，我就不子，就可以去推翻他。而克洛诺斯也曾经因类似的理由，割掉了他父亲乌兰诺斯（天神）的生殖器。古希腊的宗教与文学中充满了亲子间的血腥关系，阿伽门农王的妻子谋杀了他，他的儿子杀母为父报仇，而这种关系的悖谬高潮就是俄狄浦斯王的悲剧。按照这种学说和伦理逻辑，舜与他家人之间的契约关系早没了，而舜去维持这种家庭关系、爱他的父母，只能是伪孝。他是不是想以此来等待什么好处？最后好处还真让他等来了，孝亲的名声大了，大家都推荐你。

所以这是一个重要挑战。

我们还可以设想孝是这么成立的，即，如果孝不依靠你所面临的对象，就能达成自身，那么就有一种完全超对象的孝。父母可以对我极其不慈，但我不考虑那个，就尽我做儿子的义务，就要去孝顺，也可以说是按照康德讲的道德命令去尽孝。或者说，假如神命令我们孝敬父母，当然神的命令头一条一般是要信神，后边的比如《旧约·出埃及记》（20章）十诫中的第五诫就要求孝敬父母，那么我就可以不管父母对我如何而去尽孝。因此，如果有某个超越的命令，舜也可以依从这命令去尽孝。但这种孝还是完全真实的吗？也就是说，这孝行中还有孝爱吗？他是在尽道德义务，或者服从神的命令，这里面有真正原发的亲爱吗？想一想，你们对父母亲是怎么爱的？尤其是小时候。离了父母，简直是六神无主，见了父母，比世界上其他一切都更亲，那才叫烝烝之爱啊！舜还能这么爱自己的父母吗？这是《尧典》隐含地向我们提出的问题。司马迁的《史记·五帝本纪》的尧舜部分就是按《尧典》写的，把这个问题挑得更明白了一些，尽管也没有直接明示它。这是关于孝的最重要案例之一，让深思者面对尖锐的问题。你当孝那么容易吗？很多人认为孝只是一个涉及私人关系的问题，跟公共关系是两回事。是这样吗？

我们还可以设想一种可能。亲子之爱中，孝爱虽然与慈爱有着相互需要的关联，即，如果人世上完全没有慈爱，我们无法设想会出现孝爱，反之亦然（这是人与动物不同处）；但是，孝爱还有它更深远的源头，也就是说，虽然它与慈爱相互需要，但这种相互依赖可以是非对象化的，由人生的非事件经验构成，以潜在的生活境域、生存时间的方式起作用。换句话说，作为亲子之爱的一种或一方，孝爱与慈爱一样，具有非因果关系、非利害关系的源头。这是一个最终的希望，如果没有它，舜的孝行是可能的，他的孝爱却不可能。法家和其他学派比如现代西方化的评论者，会说这是儒家伪造的，理由就是：经过仔细分析，这不合人情。如果真是这样，那儒家的问题就太大了。一直到近代新文化运动，攻击儒家的主要理由之一就是这个。他们不止要批判三纲五常，还特别要恶评"孝道"，抨击这种东西没有内在的情感源头与合理性，而只是一种外在的强加，甚至是虚伪的构造。但我们看儒家的历史，能造假一时但能造假四千年吗？如果四千年都能造假，在最根本的人间关系上能够造假吗？

这是我现在特别关心的问题。最关键者就在于有没有这样一个由生存内时间经验及其意识结构所造就的爱意源头。今天讲的一些东西可能对有些同学来说难以理解，我很抱歉，因为无法详细解释。这里只是给大家布了几个点，如果有值得你参考的地方就可以了，你自己去读原典的时候，可以从容体会。没有这几个点，可能就读不出一些内在的东西。有了它们，你可能读出更多的意思，最后的结果可能和我的判断完全不一样，甚至是可以用来批判我的，这样才好，最怕的是那种肤浅的反古和疑古。

如果孝爱是非对象化的，就意味着，这爱可以不依靠孝爱对象对我的现实态度，但又不离开与这个对象相关的人生境遇经验；如果只是按照神的指令、道德命令或社会规范去孝敬父母，那就不是真孝爱了。假如没有活的源头，在舜的情况里，孝行可能，孝爱不可能。但如果有这源头，如果这源头是生存内时间，那么它的生发机制本身就会构造意义乃至爱意。如我们以上讲过的，基督教认为靠上帝和基督可以唤起人对于仇敌的爱。儒家和中华古人信奉天，这个天的本性首先就是深入人生的天时，可以理解为我们这里讲的生存内时间，它不但会唤起、而且能够生成人们对于自己父母的非对象化的爱，所以中国人在最难的时候总是呼唤"天"，相信它是终极的拯救。通过它，不完全依靠所爱者，又不离所爱者，一个悲哀的孝子还能保守住、焕发出对于不慈父母的真爱。它既不超越人间关系、伦理关系，又能超出这种关系的现成形态，就在这种关系的生活情境根基中找到源头。

比如，舜似乎是很小时就失去生母，其父与继母将他带大。说他小时失去生母，是因他三十岁被推荐并娶尧女为妻，其弟象这时已经会为其父设谋害舜（《史记·五帝本纪》《孟子·万章上》），要霸占哥哥的妻子，说明两兄弟岁数相差不很大。如果情况是这样，那么当舜小时，要害他应该不难；而舜居然不仅长大，而且成长为健康、聪慧、孝顺、仁德之人，这背后起码有他父亲和后母的养育。可以设想，他们当舜小时可能对他也并不好，也就是他们作为对象个体化的父母是不够慈爱甚至在某个时间段是很不慈爱的，但从舜所处的整个历时境况和生活情境看来，毕竟还有非对象化的、隐蔽着的关爱之流，不然舜就不会成为这个舜，所以他对父母有孝爱，并非完全不可能。鲁迅在他的《我们现在怎样做父亲》一文中讲"父子间没有什么恩"，因为父亲（这里从道理上当然也要包括母亲）生孩子是出于本能或性欲，"性交的结果，生出子女，对于子女当然也算不了恩"。但他避开了父母养育子女这个最关键的亲子经历，而我们前面讲到，人类婴儿是所有动物中最难抚养的，能够将如此极端不成熟的幼儿养大的过程本身，构造着亲子之爱，也构成着"父母养育之恩"，所以养父母与后代之间也是亲亲之爱。不能因为在这原本发生的亲亲关系上，可以附加进不那么纯洁的功利目的，不管是养儿防老的正功利目的，还是这里讲的要除掉舜以便为象争夺财产之类的负功利目的，就抹杀亲亲经历本身构成原意义和原亲爱的"存在与时间"的地位。

这个意思能理解吗？它正是要害处。下一步，我要通过自己的研究去更原本地揭示，这到底是否可能。为此，要探究包含人类学、认知科学、哲学、宗教、神话等等的很多方面的资料和思考角度。到目前为止，研究向我显示，这个源头是有的，不是随便说的。不是只依据儒家的原则来说这话，那是不行的。我要来说服大家，说服读者，必须有更广、更深和更锐利的依据。从古文献来看，舜的孝爱最后就居然被他成就了。其中有那么多的艰难，把我们从天上压到了人间，但人际关系，特别是亲子关系中居然还潜伏着如此原初的意义构造和爱意构造的机制，这当然给历史上的儒家带来了巨大的信心。"万物皆备于我矣，反身而诚，乐莫大焉"（《孟子·尽心上》），其浩然之气和真诚至乐就从这里发源，它们既不只来自个人的心性，也不就来自现成的亲子关系，而是这关系"先天而天弗违，后天而奉天时"（《周易·乾·文言》）的纯发不已、尽心明性的形态。如果未来儒家在中华民族和人类的历史上还能发挥某些不可替代的作用的话，也一定与它内在相关。尼采说"上帝死了"，好多超越性的东西，人们都不信了，但如果就在最原本的人际关系中，还潜伏着让舜孝可能的源头，这是何等的福音？

为什么说舜破解了反慈恶况中的孝爱悖论？我们读《孟子·万章上》。万章是个勤思善问的学生，他问老师孟子："舜往于田，号泣于旻天，何为其号泣也？"舜到田野里，对着秋季迷蒙的苍天哭诉。他为什么要哭诉呢？孟子回答："怨慕也。"就是说，他是因为有怨慕才哭诉的。舜那么想和父母好，结果父母只爱弟弟，不爱他，他就有怨慕。于是万章又问："'父母爱之，喜而不忘；父母恶之，劳而不怨'，然则舜怨乎？"万章引用曾子的话（见《大戴礼记·曾子大孝》），实际上表达了儒家应该遵守的一个尽孝原则，即：父母爱我时，我欢喜而且总不忘怀；父母讨厌我时，我也尽心尽力地服侍父母，绝不抱怨。既然如此，那么我们伟大的榜样舜为什么还有怨呢？难道他不是那么完美的圣人吗？这是非常有辩难力和思想激发力的问题。孟子有一段很长的回答。先引了曾子的一个学生公明高与他的弟子长息之间关于此问题的对话。长息也问了类似的问题，公明高答道："是非尔所知也。"这不是你能知晓的。公明高下面的话是："以孝子之心，为不若是恝，我竭力耕田，共为子职而已矣，父母之不我爱，于我何哉？"意思是：怀着孝子之心的人可不会这么不在乎。怎么不在乎？就是上面引语"父母恶之，劳而不怨"的表面意思。我尽力耕田劳作，尽自己的责任，父母不爱我，跟我有什么关系呢？[1]我已经尽了我作为孝子的责任了。如果是这样，那么舜的孝行就有问题，是不能让人完全相信的。

下面这一段讲得非常好：帝将胥天下而迁之焉。为不顺于父母，如穷人无所归。天下之士悦之，人之所欲也，而不足以解忧；好色，人之所欲，妻帝之二女，而不足以解忧；富，人之所欲，富有天下，而不足以解忧；贵，人之所欲，

---

[1] 这里对于"父母不我爱，于我何哉？"的解读，与赵岐和朱熹的不同。通读上下文，揣摩文句的语气，只有如此理解方合适。

贵为天子，而不足以解忧。人悦之、好色、富贵，无足以解
忧者，惟顺于父母可以解忧。人少，则慕父母；知好色，则
慕少艾；有妻子，则慕妻子；仕则慕君，不得于君则热中。
大孝终身慕父母。五十而慕者，予于大舜见之矣。真正的孝
是终身慕父母，舜到五十岁还在慕父母，从三十岁，一直到
二十年以后他摄政。到了五十岁的时候，那些别人特别热心
的东西，如统治天下的权力，吸引士人的名声，性欲的满足，
财产和身份，都不能让舜无忧愁，都不在他眼里，没有父母
之爱，他就觉得痛苦不堪，于是号泣于田，对着苍天独自抒
发他的痛苦怨慕之情。注意，这怨慕不同于怨恨，是出于爱
或慕的怨。还有，这关键处一定有对于规则、哪怕是儒礼规
则的冲破。什么"劳而不怨"？舜出于至情，就是要又劳又
怨！他不能不怨，因为他实在是爱恋向往（慕）父母，没有
父母的接受，他觉得活得没大意思。最后几句话生动传神。
人小时慕父母，小孩子哪个不依恋父母；知好色，也就是萌
动了男女之意，有性的感受之后，就慕恋年少漂亮的对象；
娶妻生子后，就慕爱妻儿，往往是"娶了媳妇忘了娘"；出
来做官，就朝着君主或领导而慕了，得不到君主或领导的信
任就"热中"，也就是心热恐惧。而真正的孝子或大孝之人，

则终身都慕爱父母。而到了五十岁还在慕恋父母的真情，我
（即孟子）在舜这里，通过听到他在田里的号泣，观察他突破
礼规的怨慕，是见到了。由此可知，舜孝确实是真爱，是至
诚通天的爱。"诚者成也"，他就这样成就了孝，因为它出自
至情。从后来发生在舜身上的事情来看，也确实是这样。如
果他是伪孝，不可能有后面那些能力，否则就违背我前面所
讲的孝意识和其他意识的关系准则了。

六 尧对舜的测试；孝的时性和能力

尧之所以要测试舜，就是感到这个孝太深邃可怕了，里
面隐藏了很多东西，但如果舜是真孝子，那这个人就不得了。
应该说，尧是想到了我们以上辨析的舜孝之难，知道孝不止
于人伦德行，还知道舜孝过程中慈的当场缺失的尖锐含义，
即：舜要么是傻憨者，要么是极能伪装者，要么是极难得地
进入了孝意识的最原发维度的大孝者，真正"濬深郁陶［通
深而情浓］，其烈则流如也以悲，悠然以思"（《郭店楚简·性
自命出》）者，所以马上表示愿意测试一下这位侧陋孝子，

"我其试哉",与上面四岳所言而尧被迫同意的"试〔不〕可乃已"大不同。

但怎么测试这么艰深的孝呢?像诸葛亮之于刘备,谈了一席话,刘备如拨云雾而见青天,当下认定诸葛孔明是"兴周八百年之姜子牙,旺汉四百年之张子房"吗?尧能不能找舜来谈谈,以辨真伪?不行,顶多也就测试出第一种情况,那就是舜对父母的孝出自天生的实心眼,依恋父母就像吃饭睡觉一样实在。无论父母对我怎么不好,我就是爱死了你们,因为他不知道如何不爱父母亲。有这样的人吗?说不定也有。如果是这样,一谈就可以发现,那人肯定是傻傻憨憨的,木讷之极。但通过对话能测出第二种情况,也就是假孝者吗?如果舜也表现得像篡汉之前的王莽那样,达到自欺的程度,光谈话是测不出来的。因此尧采用了让我们现代人吃惊的方式,一种特别内在、有效和自然的方式。什么方式呢?"女于时。"这个"女"字是动词,尧把自己的两个女儿下嫁给这位民间的鳏夫,"于是尧妻之二女"(《史记·五帝本纪》)。这个测试很温柔,但又很切中要害,为什么会这么测试?

之前我提到过《旧约·创世记》中耶和华神测试亚伯拉罕的方式,那就太不温柔了。耶和华要亚伯拉罕把自己正妻生的唯一儿子，寄托着他全部未来世代希望的儿子以撒，杀了来献燔祭，也就是先杀后烧地献祭。亚伯拉罕二话不说，第二天清早起来，骑上驴子、带着儿子就朝那献祭之地走。克尔凯郭尔（又译为祁克果）有一部名著叫《恐惧与颤栗》，就讨论这个被犹太—基督教当作是信仰范例的稀奇之处。我第一次读它，是念研究生的时候，在伽什锐老师——一位善讲课而极少发表文章的教授——的课上，后来又一读再读，对我启发极大。所谓现象学存在主义的思想妙处只有通过这种案例才能读出来，不是靠概念能直接表达的，因为人生事件本身显示出的东西更深刻、更时境化。你当耶和华让亚伯拉罕杀死亲生儿子，亲子关系对于古代犹太人乃至后来的基督教就不重要了吗？非也。它重要到让那创造天地万物的神也只能通过它来知晓这个被选择者。让亚伯拉罕杀死自己的亲生儿子凸显了什么？凸显了时间吗？当然！只要是与亲子有根本关系的，都与生存时间有关系。我写了一篇文章，将登在我们现象学会的会刊上，对此做了一些分析。但在我们所讲的这里，尧为了测试舜，用的却是"美人计"。通常的美人计是负面的，是为了毁坏中计者；这里的美人计是正面的，起码是中性的。首先是为了成就当事人，如果他经受住了此计；其次，如果当事人没有经受住它，那么他只是得不到选拔而已，而用计者就要搭进自己两个女儿啦。

"君子之道，造端乎夫妇，及其至也，察乎天地。"（《中庸》）为什么儒家特别重视夫妇关系，以它为君子求道的开端？因它首先是男女关系，也就是人间第一等阴阳关系，要生生不已地构成家庭、家族、世代、国家和天下，所以当它发挥到极致，就能达到天地那般高深莫测。虞舜是三十岁的独身男子，从未娶妻，两位公主忽然下嫁他，他是什么心情？按孟子的说法，舜正是慕少艾和新娶妻时，如果他的孝行是伪的，这种阴阳相遇会不会破除他的伪装？可能性极大！所以儒家特别看重夫妇之道。夫妇可以很"愚""不肖"，这也是《中庸》里的话，但里面有些东西，发挥到极致时，连圣人都不知道，或者说圣人也达不到。男女之间那种感情！这两个女子的到来，而且是来到一个隐伏着绝大问题的家庭，一定会让舜的生活发生重大的变化，对测试他当然有关键性的效应。她们以妻子的身份生活在舜的身边，日日时时，年年月月，舜想隐藏与父母、弟弟的关系——如果的确有什么要隐瞒的话——就不再可能了。当然尧不会明确地派任务给两个女儿，说你们观察他，定期向我汇报。那还是圣尧吗？我们以上一再讲了，尧的智慧是天人时化的，这又是一例。这种夫妻关系的时行本身就会自然地显露出其他的关系，甚至是亚伯拉罕杀他儿子献祭的事件也展示不了的东西，这里也要显形。你当亚伯拉罕杀儿子献祭就没有造伪的可能了吗？当然这个我不多讲了。而且，为什么要嫁给舜两个女儿，不是只嫁一个？是否担心一个天真少女或少妇可能被迷惑？这里面也有玄机，如果一个可以被迷惑，那么嫁两个获得真相的可能就会呈几何级数增长。事关天下苍生和民族的气运，尧也是豁出去了。这是可能的解释。

正是因为子女的孝是逆物理时间而动，会带来一系列逆向——逆物质重力方向、功利方向、其他哺乳类动物的个体化方向——的意识，导致思想和行为的改变，所以是真孝还是假孝，要靠进入实际生活的时间境域中去体验。娥皇、女英不光是观察，而是与时偕行地进入到舜的生活之流中。他们是夫妇关系，还要生孩子，后来的确生了一个男孩子叫商均。

"厘降二女于妫汭，嫔于虞。"这说的是舜，他以德行和时智正二女以妻道，使得两位公主愿意放下架子，到丈夫的家族所在，也就是妫水之湾的虞地生活，以尽妇道。可见舜对待娥皇和女英，与对待寻常妻子是一样的，没有给什么特殊待遇，而是让她们尽自己的义务。而且，这里边也隐含我们以上讲的意思，即娥皇女英在"嫔〔嫁〕于虞"的过程中，在与舜及其家族的共同生活中，真实地了解了、也开显出了丈夫的为人。于是尧帝曰："钦哉！"好哇，能持敬齐家、而且是齐成如此难齐之家者，治国必有大才。到这时，帝尧开始相信舜确是罕见的大孝子了。

古代中华与古犹太的两种测试都有时间含义，但表现很不同。亚伯拉罕杀子献祭是灭掉时间，因为这个儿子代表他全部的未来；而娥皇女英是进入舜的时间，在阴阳交合的当下发生时态中来领会舜的生存时间结构，看里面有没有孝爱的充沛回流。舜通过了这个测试，让尧觉得起码值得暂时信任此人，于是让他去担任一些临时的官职，如推行教化、总领百事、接待诸侯远客等，看办得如何。又将舜放到山林中，经受烈风雷雨，看他能否找到归路。

舜去干这些事情，其能力与一般官员的区别，就像范蠡和诸葛亮在谋划国家大事上与勾践和刘备的区别，或许还要大得多。要知道，舜是从什么样的惊涛骇浪中过来的？舜在家中面对要谋害他的父母和弟弟，他既要"避逃"危险，又要"顺事父及后母与弟"（《史记·五帝本纪》），真是时时活在冰与火、死与生的夹缝之中。他在如此险恶局面下被赤诚孝爱所激发出的那种时机化的实现能力，太超乎我们的想象了。"欲杀，不可得；即求，尝在侧。"（《史记·五帝本纪》）要杀他，总不能得逞；而家人求助于他时，他又总能在身边。这是什么功夫？克尔凯郭尔无法想象亚伯拉罕带着儿子在路上走了三天，还没有改变杀儿献祭的主意，甚至都没有动摇过。到了那山下，让儿子背上烧祭品的柴，他拿着刀和引火物，就上去。到了山上，他筑好祭坛，摆好柴，二话不说，将儿子捆绑起来放到柴堆上，然后伸手拿刀要杀儿子。最后一刻，儿子被神的使者救下来，并传达神的话："现在我知道你是敬畏神的了，因为你没有将你的儿子，就是你独生的儿子，留下不给我。"我的老天爷！这测试到这里其实还没有真正完结。自己最信任的父亲突然翻脸要杀他，以撒将如何面对这人生？他还能不能、愿不愿自己生养后代？亚伯拉罕呢，他最后还能爱他的儿子、面对他的儿子和妻子吗？想一想，你能吗？可是亚伯拉罕就做到了，这又是什么功夫？后来舜极其出色地完成了尧交办的事情，在山林暴风雨中也不迷失。尧要测试的其实主要还不是这些能力，而是要进一步确认舜孝的真实性；因为尧知道，舜如果真能在那种情况下坚持住孝爱，并处好关系，那么应对其他的问题就肯定游刃有余，曾经沧海，岂难为水，达到你不能设想的美满。这也是孔子给人的印象，实现礼仪的时候，充满真情实意，又拿捏得恰到好处，让与其接触的人如沐春风，仿佛第一次体会到礼乐的美好。

于是尧就把帝位传给舜，让他摄政。舜谦辞不果，就于"正月上日，受终于文祖"，行了禅让大典。此句中的"文祖"，就是大典举行的地方。司马迁解释为尧的祖庙，马融解释为"天"，因为"天为文，万物之祖"。而郑玄认为是"五府"，乃五帝之庙，相当于周代的明堂，即古代帝王宣明政教之处，比如举行祭祀、朝会、选士、庆赏等，像《孝经》所说："宗祀文王于明堂，以配上帝。"所以孙星衍认为以上三种解释"同义"，没有什么真正的区别，因为帝王的祭天和祭祖本来就是一体之两面。从这"受终于文祖"可以看出，中华古人在最重大的时刻和礼仪中，天的神圣和祖先的传统是现实总要回返的意义之源，孝的意识由此被扩大和深化，而最终的根源还是生存时间。天之本是天时，祖之源是亲时；天即亲，亲即天，开篇处"曰若稽古"的深意也在于此。

之后，舜大展鸿才来治理国家。和尧一样，他马上就表现出强烈的生存时间意识："在璿玑玉衡，以齐七政。"对于"璿玑玉衡"有不同说法，各个本子都有长段的注解和辨析；或视之为北斗七星，或认为是天文之器如浑天仪。孙本引《尚书大传》说得更微妙些："琁［璿］者，还也。机［玑］者，几也，微也。其变几微，而所动者大，谓之琁机。是故琁机谓之北极。"（《注疏》，第36页，右数第2行）对"七政"的含义，也主要有两种说法，一说七政是四时、天、地、人，"所以为政也，人道正而万事顺成"。之所以称此七者为"政"，因为人间的政道得其正，则天地四时就都顺成，也就是都按时而至，风调雨顺，诸事兴旺。另一说，认七政是日月加上五行星。"七政布位：日月，时之主；五星，时之纪。日月有薄食，五星有错聚。七者得失，在人君之政，故谓之为政。"（《注疏》，第36页，右数第4行）总之，这整句话是说舜通过天人之时来观看、理解、治理、验证人间的世界，包括他本人的摄政合适与否，与尧的观象授时是一个意思，只是更有整体的结构感。

舜的时间感就这样一层一层地展示出来。通过祭祀，与上帝的先天精神相往来（"肆类于上帝"），与天地共鸣，与山川丘泽、草木鸟兽相神交（"禋于六宗，望于山川，遍于群神"），希望大家多加涵泳体验。在我看来，这是一种有神圣生态感的时化思想方式，现代人类极为缺乏它，又极为需要它。"望秩于山川，肆觐东后"，山川也有神圣性和结构性，与人间政治的秩序相呼应。还有就是考察官员、协时修礼、统合度量、调和音律，之后是四方巡守。首先去东方巡视考察，与前面写尧命羲和观象授时的四方（含四时）次序是呼应的，也是《易》的时空结构的体现。舜做的就是尧的政治思想和实践的延续、深化和变奏。再有就是国土的再划分，"肇十有二州"；刑法的确定或者明确化，"象以典刑，流宥五刑，……钦哉，钦哉，惟刑之恤哉。"尧舜对刑罚的使用很慎重，一般犯了罪也不施肉刑，而是在衣服上画图像当作惩罚，人民乐生而知耻，绝少犯罪者，"昔在唐虞，画象而民不犯"（《注疏》，第52页，左数第2行）。《尧典》之"观美"随处都可以见到。当然后面还是规定有其他刑罚。对四凶也大多是流放。"殛鲧于羽山"中的"殛"，有的解释为流放，有的解释为处决。

尧禅位二十八年后去世，"百姓如丧考妣"，各个家族中的人们，都感到就像失去自己的父母一样悲恸，可见民众对他有发自内心的热爱。尧的名字和仁德智慧的形象永志于中华民族的记忆之中。舜与百姓哀悼三年，"四海遏密八音"，此时无声胜有声。《五帝本纪》还记述舜躲避起来，想把帝位让给丹朱，但老百姓都歌颂舜而不歌颂丹朱，诸侯百姓有事都找舜而不找丹朱，所以舜终于接受天命而践天子位。

登帝位后，舜首先对官员们说："食哉，惟时！［此处按《正义》与《考证》断句］柔远能迩，惇德允元。"意思是：我们要努力呵，要以时为本！这样才能柔安远国、亲善近者，让我们的美德醇厚，将命运托付给元兴大化。引文中的"时"字，有的解释为"敬授民［人］时"之"时"（《正义》），有的解释为"是"，代指"食哉"（《注疏》等）。我倾向于前者。而且，之前说过了，在古文献中的不少地方，"时"兼有"时"与"是"之意。对后边两分句也有不同的注释，我的解释与以上讲过的整体理解相一致。尤其是"元"字，现代本有的就训为"善"，不妥；古本一般训为"善之长"，取自《易·乾·文言》的"元者，善之长也"。既然是善之首端，那么就一定要比一般的善恶之善更原本，是一切善的源头。董仲舒讲："元，犹原也。"（《春秋繁露·玉英》）此元的本意是元时，在《春秋》中表现为"元年春王正月"之元，其义深远，"是以《春秋》变—谓之元"（《春秋繁露·玉英》），可见此元中有变，但是是源头之变，也就是阴阳天人之时变，因此董仲舒要"以元之深正天之端"（同上），元时是天的正本大端。①

在舜晓谕官员的话以后，下面有很长一段叙讲舜如何任用官员。他首先任用禹为治水土的司空，接着做鲧没能完成的事。禹是鲧的儿子，舜后来还把帝位禅让给禹。然后任命了弃、契、皋陶、垂、益、伯夷、夔、龙等，让他们以时为源地去协调天人，乃至"上下草木鸟兽"，为此必使时机化的技艺——农艺、礼艺、乐艺、工艺、诗艺、政艺——更加精深，以便养民、教民、化民，总之是从整个生存境界上造福于民。其中写舜命夔"典乐，教胄子"的一段极有韵味，是舜的时间意识的直接艺术展现。"直而温，宽而栗"，都是相反者在相互成就，以便"允执其中"。"诗言志，歌永言，声依永，律和声"，四分句次递粘黏，将诗言之音声乐意表达得回旋而上。"八音克谐，无相夺伦，神人以和"，充满了尧舜时代的大美意境。无怪乎，"子谓《韶》[舜乐]：'尽美矣，

---

① 有关的更详细论述，可参见拙著《拒秦兴汉和应对佛教的儒家哲学》（桂林：广西师范大学出版社，2012年），第三讲的2至5节。

又尽善也。'"(《论语·八佾》)孔子就是在听到这代表虞舜伟大成就的音乐时，丧失了自我，"子在齐闻《韶》，三月不知肉味，曰：'不图为乐之至于斯也。'"(《论语·述而》)他说自己从未想到过，音乐能动人到这样的地步和境界！那是整个尧舜时代的意境啊！所以孔子对尧舜的赞美，总是最高的，充满了最丰沛的诗意和激情。

七 《尧典》中的亲子关系

最后简单地交代一下《尧典》中的亲子关系。《尧典》和后续文献展示的亲子乃至亲属关系跌宕起伏。首先，《尧典》讲的最重要的亲子关系是舜和他父母的关系，其中恶与善、愚与智、谋杀与关爱交织，让人目眩神迷。你仔细想想，应该有克尔凯郭尔读《旧约》亚伯拉罕那段的感受。真是很难理解，但又不得不理解，不能不理解，而且最后居然可以理解。从这个事态里，中华民族和儒家得到了关键性的启发，比犹太民族和基督教从亚伯拉罕事件，希腊以及当代西方从俄狄浦斯事件中得到的启示还深刻。俄狄浦斯这么一个正派人，在不经意间或为命运所驱使犯了杀父娶母之罪，遭受了、也参与造就了极其悲惨的亲子关系；但后面还有悲惨的事情，俄狄浦斯的死，还有他的女儿安提戈涅的命运，三出戏都是索福克勒斯写的，极其深邃震撼。你们可以对比阅读。亚伯拉罕、古希腊的亲子关系，中国《尧典》的亲子关系，里面都是波涛汹涌。

其次，《尧典》中还有更多的亲子关系，在前面、后面牵拉着。比如尧和丹朱的关系在明处，舜和商均、鲧和禹、禹和启的关系则在暗处，或半明半暗处。虽然启没有出场，但禹是出场了的。我们从《五帝本纪》和其他一些文献知道，在尧之前，历代帝君都将帝位传给自己的近亲属，有的传儿子，有的传孙子，有的传兄弟，有的传侄子或孙侄，但到了尧就有了大变化，传给了异姓的舜。有人说舜也是黄帝的后代，还有人因此说舜娶了尧的女儿，有点儿不对，但舜与尧已经不同姓了。尧姓祁，舜姓妫，远古人在分离数代后，就可能改姓，往往依据本人或家族所居之地名、河名或其他什么因缘来命名新姓。关于尧的姓氏，还有不同的说法，但起码尧和舜是不同姓的，所以舜娶了尧的女儿，并没有违背古礼。后来一姓贯通下来，导致同一个姓的人，比如王姓、李姓者在血缘上可能相差极远，以至于"同姓不婚"也不必严格遵守了，因为那个礼规是根据古制而定，而古人的姓氏形成和变迁方式与后世是不同的。

尧把政权传给异姓的贤能大德者，让中华政治放出耀眼的亘古光芒。由以上叙述的事实还可看出，国内流行的社会发展观点是有问题的，它认为一开始是无阶级的"原始"社会，部落内民主推举首领，到尧时还有残余，所以有禅让，要到了禹之后才出现了阶级社会，标志就是政权只传给自己的儿子或近亲。实际上，尧之前的政权主要也是家族传承，一般也都传给儿子、孙子、兄弟等，尧之后也大体如此，在商代"兄终弟及"的现象不少，到周朝规定只能传嫡长子，当然也有变通的办法。

那么尧是否重视"亲亲"？有人说尧不重视，把自己儿子丹朱的帝位剥夺了，他重视的是"贤贤"，而贤贤是更普世化的原则。《五帝本纪》记道："尧知授舜，则天下得其利而丹朱病；授丹朱，则天下病而丹朱得其利。尧曰：'终不以天下之病而利一人。'而卒授舜以天下。"似乎这是一个个体与普遍利益的矛盾，而尧选择了普遍的利益，也就是贤贤。可这情况还有另一面，而且是更重要的一面，即尧选舜，恰恰不是因为舜有可明见的普世化的能力，或为公众服务的业绩，如共工和鲧所取得的，而只是亲亲关系上的表现，也就是舜在反慈情境中的孝亲之心和孝亲能力，而且测试舜首先是通过夫妇关系而非政治才能。

舜流放了、甚至可能是处决了鲧，却要用鲧的儿子禹治水，并接替自己的帝位。那么禹应该如何对待舜呢？在某种意义上，舜是对他父亲不好的人，甚至可能是杀父仇人，这个怎么办？这方面我就不多讲了，大家自己考虑。正是因为有这些让线性思维无法理解的冲突，所以早就有不信禅让、丑化禅让的一些虚构或歪解，比如《韩非子·说疑》就声称："舜偪〔逼〕尧，禹偪舜。"荀子也不信禅让。《竹书纪年》则记道："尧之末年，德衰，为舜所囚"，"舜篡尧位"。有些人看到《竹书纪年》就觉得抓住了更可靠的事实，说这是魏国史官记的，没有经过秦火之毁及汉师的复述，是西晋的时候从墓中挖出来的。对于有关的详情，比如此书早已亡佚，现有的本子是后人再觅辑的，王国维校订后已经删掉了那两条，等等，我就不去讨论了。但我要告诉大家，对于尧舜这么古远的事迹，战国从时间上也并不怎么靠近，而按先秦文献的主流的、绝大多数的记载，不只是儒家的记载，尧、舜、禹之间的禅让是确凿的历史事实，新出土的战国文献《郭店楚简·唐虞之道》也肯定它。此外，《竹书纪年》出于魏国史官，魏国是三家分晋的产物，靠阴谋得位，它记远古史的时候，或许不愿意看到禅让，也在情理之中。

《尧典》及相关文献中出现了五对父子，其中两对，即瞽叟与舜、鲧与禹，是父劣子优；另两对，即尧与丹朱、舜与商均，是父优子差或弱；最后一对，即禹与启，是父优子承。它们相互交错，环扣而层现，从以前的亲亲相传突变到圣贤相传，再错变到父子相传，的确是一个亲亲与贤贤交织共现的奇景，而亲亲之爱在其中一直是富有活力的，只是表现得可以如此不同！贤贤也只是它的一个变体，甚至就是它在政治里的正体。其中的关键还是基于至诚孝爱的时化孝道，那是一切美德和华夏古代政治的灵魂。因此，要害皆在于时。

总之，亲子关系的确是一个既复杂又有趣的历史现象，是古代中华文明的内在结构之源。你当儒家的孝道很简单，就是一个劲儿地捧吗？其实它很沉重，即便孝敬父母也很不容易，没有时化智慧是无法充分实现出来的，"思事亲，不可以不知人；思知人，不可以不知天"（《中庸》），所以孔子的弟子们反复向老师追问它的含义和实现之道，而孔子的回答几乎每次都不同。今天讨论的中华第一孝子舜，在我们所知他唯一一次被记载的歌声中是这么唱的："敕天之命，惟时惟几。"（《尚书·皋陶谟下》）这是他安身立命之处！而且，对于几乎所有的人类文明，亲子关系都是极其富有挑战性的问题。乱伦、亲子间的谋杀、与他者甚至敌对者的联姻，等等，都是些大问题。但亲子关系又是人与人之间最亲密的关系，最原本的关系，谁也逃脱不了，甚至基督教、古希腊的神话，在某种意义上怀疑、贬低亲子关系，但还是离不开亲子关系。就是全能神耶和华测试亚伯拉罕的时候，也找不到其他的办法，只能凭借这关系。亲子关系重要吗？太重要了！成问题吗？太成问题了！这是《尧典》给我们的启发。但《尧典》以它的独特方式回答了这个问题，儒家在某种意义上也回答过这个问题。可是里面还有问题，还有许多值得我们去探讨和深思的东西，尤其在我们现在这个孝道急剧衰落、家庭关系逐渐解体的时代，这样的问题不是变得没有意义，而是更有意义了，如果亲子关系毕竟与我们这种人的本性相关的话。儒家的命运在我看来就系于家庭关系的命运，所以对于亲子关系所及问题的探索，在很大程度上也是对于儒家未来气运的窥视。

同学们，你们体会到了吗？这《尧典》是何等深邃、何等丰富，又是何等的美好和纯正！儒家的重要学说和经典（"六艺"），哪一个不在其中登场或隐隐浮现，萌生着，首次绽放着，纯真地展示着？自宋代以来，特别是在现代，颇有一些儒者和学者认为《论语》《孟子》比"六经"更重要，如程颐讲："《论语》《孟子》既治，则六经可不治而明矣。"（《二程集·河南程氏遗书卷二十五》）钱穆则断言："孔子思想，几可说全部尽在《论语》一书中。"（《孔子与〈论语〉》，225 页）通过今天的讨论，我们看到，只是《尚书》乃至只是《尧典》，都不是《论》《孟》能够代替得了的，其中的精微，或许要在与"四书"的相互发明中得以揭示，但这"曰若稽古"中所积聚和含蓄的东西，却也正是孔孟灵感的源头！在今天，《尧典》又成为一个挑战，它并没有对所有重大问题提供现成的答案，而是通过它那巨大的隐藏力，激发我们去作更深刻人时的思考。它是儒家的《吠陀》《神谱》《创世记》？不，还要多得多。

最后，看大家还有什么问题？

学生一：您刚才重点讲了舜孝，讲"上帝死了"之后，儒家有可能凭借着舜孝发掘出一些超越性的东西。当然我们可以听出您有一种人文情怀。但舜孝是一个极端，这个极端表现在，首先舜的父亲不慈，这是一种极端，舜行孝也是一种极端。既然是极端，那有可能作为一种个案，超越了人之常情，没有一种普遍适用的可能性。即使被提倡，也是一种口号，就像甘阳老师谈通识教育的时候，说他不大谈理念，只谈操作，不能操作的理念是空谈，口水而已。标榜对于绝大多数人都可望而不可即的舜孝，即便"上帝"又复活了，也只是被注入了伪善的血液。因此我的问题是，我们要不要没有孝爱的孝行？

当然不要。我今天讲的一个要点就是辨析舜孝中有没有真挚的孝爱。如果没有，那么这个儒家最重要的案例就是失败的。但论证的结果是肯定的，舜的哪怕是"极端"的孝行中也的确有孝爱。我们跟随着尧，看到了其中的危险和悖论，也看到了它可能包含的大孝及其相关德行和智慧的可能，所以必须测试。而尧采取的测试以及"舜往于田"的"号泣"让我们相信了其中有爱。

没有孝爱的孝行就是空的，这恰恰是儒家反对的。后来儒家成了主导思想形态，不少王朝主张以孝治天下，其中出现了一些伪孝的现象，这是另一回事。

你刚刚说舜孝只是个案。问题是如果这种个案能证明某些东西，就像加拿大那个出了摩托车事故、使大脑中历时记忆丧失的年轻人的个案，让研究者如获至宝，因为它毕竟很有助于证明人类意识中有那样的记忆分层，所以这种个案就有非特殊或非个别的含义。我也不喜欢那种只有普遍性而不能实现于具体情境的原则和口号。

另外，我今天论证舜孝不是无爱的伪孝，还有一个论据，就是舜后来的表现。如果舜是伪孝者，又没有任何治国经历，为什么一当权后，治理得那么好，比鲧、共工等都要强得多？所以对我来说，对你们来说，对儒家来说，都不要那种完全没有孝爱的孝行，那是伪孝，即使作为道德实践也不是儒家所欣赏的。儒家讲究诚，诚的关键是必须有情，没有情，也就没有诚。在这一点上宋明的程朱理学有失误，把情和天理在某种程度上加以割裂，这是违背先秦儒家的。

学生二：张老师，您强调《尚书》作为古代儒家的重要经典，体现了对于家和孝是非常重视的。但为什么在儒家后期的发展中，忠排到了孝的前面？儒家的伦理不断被官方化的过程中，如何处理所谓家跟国的关系？比如古代儒家说可以为父叛君，但后来就不提倡了，这是为什么？

为什么你说后来忠先于孝了呢？这可能是新文化运动以来的一般看法，但我们要先读史书，看看是不是这种情况。有些说法是有偏差，那是当事人的解释，可是儒家的这个作为德本政本的孝根基，我觉得是没有被动摇的。而且中国历朝老是讲要"以孝治天下"，可见先秦儒家讲的"为父绝君，不为君绝父"是有长久的历史效应的，虽然有时候一些表现方式有所不同。从尧到今天，儒家从来没有主张过为了君可以背叛父母。新文化运动和"文革"反儒家，才导致了为某个所谓"革命原则""普遍真理"或"革命领袖"去背叛"反动家庭"的许许多多的悲剧，今天这类悲剧以另外的方式，比如商业化、金钱化的方式还在上演。儒家讲"父子相隐"，在历朝法律上一直被贯彻，儿子告自己的父母亲，要惩罚儿子。有时候，忠在形式上排在孝前面，但不严重，并不能改变现实生活中以孝为本、忠只是孝的延伸的状态。家与国的关系，跟我刚刚说的情况是类似的。

学生三：在谈到尧对舜的测试的时候，您总是说，尧明白，如果舜在那种情况下真的具有孝的意识，那么他的其他能力和德行仿佛就会自然而然地拥有和展示出来。怎样解释孝会展现出的其他德行和能力？以及这个意识如何在过程中贯穿下来的？

孝成立不容易，而且这是舜孝，不是普通的孝。舜是在极其不利的情况下，还挽救了孝，那时候的意识深化是我们难以想象的。这样出现的或被激发出的其他德行，才能够在这难以想象的前提下达到可理解。只要舜不是伪孝，他实现出的意识结构就会和我们普通人的意识结构有很大的不同。孟子讲人有良知、良能，他对于这种天然能力的描述也是极其动情，"万物皆备于我"，世界的源头某种意义上已经在我这儿了，关键看你能否开发。而孝就是开发这源头的要害，因为如我今天讲到的，孝在人的生存内时间意识中占有独特的原本地位。它比慈要难于出现得多，因为它是逆物理时间之流而上，返本报源，可一旦出现，就会拉动和激活特别属于人的特性的一系列能力，其中既有道德能力，也有时机化的应对能力，因为孝从根本上讲是时化的。普通人的孝意识不那么深活，所以良知良能开发得少，但它们在舜这儿得到了极深峻极激荡的开发，所以《孟子》的《万章》《尽心》等篇反复讨论舜的亲子关系，而且描述舜当了帝王后，如何对待他的父亲和弟弟，甚至设想如果舜的父亲犯了罪，他该怎么办，怎么应对这孝亲与公义之间的冲突。做了很多情景设想，激发儒家的原初想象力。

学生四：您刚刚提到尧测试舜孝的真伪，我有一点小看法，由此引出道家对儒家的质疑。我认为尧想测试的，是舜能否由亲睦九族，到昭明百姓，到协和万邦，是否具备由原发的孝，延展到百姓、万邦的治理能力。但我们还可以有一种理解或疑问，即虽然儒家说真正的大孝可以做到这点，可以亲睦九族，而且可以延展到昭明百姓、协和万邦，但这一延展是否是自然而然的？修身、齐家、治国、平天下有一种内在的因果性吗？是否身修了家就可以齐，家齐了国就可以治，国治了天下就可以平了？问题在于您刚刚似乎没有充分展开来讲的，即孝这种意识和人类其他方面的意识和能力究竟是什么样的关系？这种关系是否由孝本身可以水到渠成、顺理成章地延展出去？还是说中间有什么样的障碍、隔阂？

很好的问题，大家提的问题都很好。如果尧一开始已经相信舜是真孝，而后面的测试只是看舜能不能把孝的意识转到治国，或用你刚才引述的《大学》里的话，就是修身、齐家做得很好了，下面就是考验舜能否治国、平天下。如果是这样，就只是要测试舜的能力，尧也就没有必要把自己的两个女儿嫁给舜了。我觉得嫁女儿有一些玄机，以某种亲亲进入另一种亲亲。所以我是觉得，这种测试还是从头测试，而且从其他学派的反应也可以看出，他们根本不承认舜是真孝。

下一个问题也很好，身修、家齐、国治、天下平是什么关系？《大学》讲格物致知、正心诚意、修身齐家、治国平天下。宋明理学一直在解释和争论格物是什么意思。我个人觉得格物之物首先就是指亲子关系，要先格这个物。格好了，有了真知，也就是有了真正的孝意识，才能正心诚意，才有后来的修齐治平。我认为这可以是个一气呵成的过程，当然需要逐步实现，但毕竟，格物格得透，像舜这样，那后面一系列步骤就会一气呵成，至少舜是这样。而有些人可能格物没有舜那么透，所以在修齐治平的时候，还有一些障碍。至于孝如何打开、实现其他的道德意识、治国意识、与他人相处的意识等等，这恰恰是我现在正在研究的东西。除了以上讲的那些之外，可能还有更多的东西没有讲，但是今天是没有时间了，而且我也还没有完全搞清楚。我和大家共勉。你们还这么年轻，如果留心这方面，将是一个很有潜力的研究方向。可以摆脱西方中心论，又可以吸收很多西方最新的哲理成果，它是一个富矿。我今天中午看这次讲习班学员的名单，你们的背景都很不错，而且有志于深化自己在人文前沿的理解。如果能够有所感应，那是我最愿意看到的。

　　谢谢！

附

录

孝意识的时间分析

　　内容简介：孝爱不只是社会与文化造成的，而是最能体现人性的特点而又需要在生活境域中被构成的一个人类现象。此文通过更改了的现象学时间视野来探讨孝爱意识如何生成的问题，达到以下一些结论：（1）孝意识之所以能够在人类的自然状态中比较普遍地出现，是由于人类的基本生存方式导致了人的内在时间视域（及相应的原发想象力）的深长化，由此而使得慈爱这个在动物界也存在的生命现象能够在人类意识域中反激出回报的孝意识。（2）因此，孝与慈是同一个时间意识的生成结构导致的两种互补现象。（3）西方现象学的时间观虽然有重大创新，但它之所以总漏过了孝爱意识，是由于它缺少《易》那样在"过去"与"将来"的相交与回旋中领会根本"时义"的思路。（4）在儒家看来，人首先不是（像海德格尔或其他一些西方当代思想家认为的）以个体的方式，而是凭借亲子之爱和世代延续的联系来真切地面对死亡与无常，由此而形成一切伦理与道德的关系。（5）孝爱意识只能被人生经验活生生地构成，不能仅靠服从规则或礼数而产生。"人生挫折"与"自己养儿育女"是成人抵御个体意识的分离效应而重获孝意识的两个时机。

"樊迟问仁，子曰：'爱人。'"（《论语·颜渊》）如何理解这"爱人"？显然，它不是"自爱"，不是基督讲的"爱你们的敌人"（《新约·马太福音》5：44），也不是墨子的"兼爱"。《礼记·祭义》讲："子曰：'立爱自亲始，……教以慈睦，而民贵有亲。'"① 这里的意思是，"爱"要从"亲"那里出现和成立。结合上下文，可将这"亲"理解为亲子关系，也就是双亲与子女的关系；它既包含双亲对子女的爱，也包含子女对双亲的爱。② 由此可见，对于孔子和儒家来讲，"仁"并不能只通过"忠恕"（《论语·里仁》）或"道德金律"（《论语·雍也·子贡曰》，《论语·颜渊·仲弓问仁》，

---

① 引文中的字下点为引者所加。本文涉及中国古籍引文时皆同此例。

② 本文在如下意义上使用"爱"这个字：爱是经验过程本身而非其结果所产生的意义涌流。它是一种非我的现象，意味着意义以超个体的方式被生成和流转。

《论语·卫灵公·子贡问曰》）等来理解，而必须回溯到"爱亲"意义上的"爱人"，不然无源头可言。《中庸》记孔子言："仁者，人也，亲亲为大。"此语发明"仁"与"親"的语源义或根本义，意味深切。仁的根本不在人之外，既不更高，亦不更低，而就源自人之为人者——"大"（与……合"一"之"人"），即"親親"：亲—见其親。"故不爱其亲而爱他人者，谓之悖德。"（《孝经·圣治》）

于是有这样的问题：为什么孔子及儒家与世界上从古至今绝大多数宗教的、哲学的和伦理学的学说不同，非要独独地从"爱人"中选取出"亲—爱"为爱与仁的源头？这只反映了当时宗族盛行、封建势大的现实，还是有真正的哲理根据？如果真有哲理根据，那么，封建与血亲多矣，为什么单单是中国的古文化中出现了这种亲—爱源头论？另外，亲—爱有多种表现，首先就有慈与孝之别，这两者的关系如何？最基本的一个问题恐怕是：孝亲意识是自然本能的，还是人为的，也就是文化风俗或教育规范培养出来的；或者它根本不能归为这两者中任何一个，而是要到更原本的人类生存方式中寻找其根源？本文的主要部分就将通过对于人的生存时间样式的现象学分析来回答这些问题。

甲 亲—爱的独特与自然

首先来看一些有关的事实。亲—爱出自人的生育及典型的家庭生活，[①] 但不是所有的生育都会导致家庭生活。[②] 即使有性别植物的繁衍后代也不导致广义的家庭关系，因为一旦种子成熟，它就脱开母体，独自碰运气去了。鸟类、哺乳类等动物有后代生产，也有后代哺育，但后代一旦独立，在绝大多数情况下，它们也都"往而不返"，与亲代不再有亲子关系了。某些昆虫（如蚂蚁、蜜蜂）有"社会"，可是我们很难说它们有亲子关系。狒狒、大猩猩等则是有性别与世代结构的群居动物，其中可观察到"慈"（鸟类和许多其他动物中亦有），但似乎主要限于养育阶段。尤其是，在所有非人的动物中，孝是缺失的。[①]

---

① "典型的家庭"意味着以父母／子女关系为核心的家庭。本文中，"家庭"一般也在这个意义上使用。

② 也不是所有的典型家庭生活都预设生孩子，比如领养子女也可以导致典型的亲子家庭。但毕竟，到目前为止的人类历史中，养育自己生出的孩子是形成家庭的最主要原因。至于造成典型家庭的社会原因，比如择偶禁忌或"男女有别"，下面会涉及。

① 我这里忽视了中国古代孝书中述及的一些情况，比如"慈乌尚反哺，羔羊犹跪足""孝竹体寒暑，慈枝顾本末"（《劝孝歌》），"鸟兽尚知哺育恩"（《劝报

在自然和半自然状态中，人要通过两性交媾（这方面，只有人不受"发情期"的限制）来使女方受孕怀胎，女子要怀胎十月方能分娩，婴儿两三岁前不离"父母之怀"，十五或近二十岁前无法独自生活。这种难于独立的生存状态使人与植物和非人动物十分不同，亲代与子代的密切接触被拉长和加深。^②而且，各民族几乎到处实行"婚姻伙伴的交换"（即存在着对于择偶的禁忌，或乱伦禁忌，婚姻伙伴要到另外一个群体中去寻找），再加上人类的两性结合不受季节限制，于是就使得配偶关系可以持续不断地存在。这些情况加在一起，共同造就了一个关键性的人类学哲学的事

（接上页）亲恩篇》）等。这种忽视也可能出于无知。如有读者确知有关事实，表明植物或动物亦有孝行，还望不吝赐教。另一方面，那些古孝书中也颇有"不化为孝子顺妇者，与禽兽何异"（《文昌帝君元旦劝孝文》）的说法。

② 例如，在《人类社会》一书中，我们读到："人类婴儿是在一种极其不成熟和无助［或需要帮助］的条件下出生。事实上，它第一年的成长类型（比如骨质钙化、大脑生长）属于其他灵长类的胎儿发育阶段。［人类婴儿］成熟得很慢。相比于其他物种的幼崽，人类婴儿需要长得多的时间达到成熟（例如，即便类人猿的性成熟期也只要大约九年光景）。"（G. Lenski & J. Lenski: *Human Societies: An Introduction to Macrosociology*, fourth edition, New York: McGraw-Hill, 1982, p.22.）然而，这些西方学者从这个极其重要的人类学、社会学和伦理学事实中只看到人类"对社会生活模式的依赖"（同上），而看不到它首先和直接地表明了人类对于亲子关系和家庭生活模式的依赖。

实，即人类家庭生活的广泛存在。著名人类学家列维－斯特劳斯写道："'家庭生活'（在我们赋予这个词的意义上）在人类社会的长河中都是存在的。"①法国学者们的巨著《家庭史》也同样声称："家庭也像语言一样，是人类存在的一个标志。"②这些学者都认为，20世纪的研究进展反驳了刘易斯·亨利·摩尔根关于"原始社会"的某些结论（比如认为在人类家庭出现之前，有一个"原始杂处"的阶段），以及达尔文式的人种单线进化论，同时也就反驳了利用它们构造的那种包含着种族主义的西方中心论。③家庭的形式千差万别，但有一些根本性的人类事实与择偶方式（上述者是其中的一些）深刻影响了人类生存的基本样式。亲子关系④就是人类基本生存方式造成的根本性关系，是任何现象学还原也无法还原掉的。

---

① 克洛德·列维－斯特劳斯：《家庭史·序》，见《家庭史》第一卷，安德烈·比尔基埃等著，袁树仁等译，北京：生活·读书·新知三联书店，1998年，第8页。

② 同上书，第15页。

③ 同上书，第8、20页。

④ "亲子关系"意味着父母亲（或其中之一）与其子女的关系。如上面提到的，这种关系可以是非血亲的，比如由领养造成的，尽管血亲意义上的亲子关系是它最常见与正常的形态。

尽管不同的民族与社会形态（不论父系还是母系）及风俗会影响到亲子关系的表达方式，比如父子之间的亲热程度，但确有一些根本情况是可以被辨认出来的。首先，绝大多数亲子关系出自双亲的结合、母亲的怀胎与分娩、亲代对子代的哺育。尽管"领养子女"等社会化的行为也可以造成亲子关系，但它们的原型还是血亲型的亲子关系，最理想的目标就是"像亲生的一样"。其次，由于刚讲到的这个基本事实，亲子关系在所有家庭关系——比如还有夫妇、兄弟、姐妹、兄妹、叔侄等关系——中享有一个特殊地位，即由自然意义上的直接生成与被生成所造成的那种原发地位，导致这种关系在所有的家庭关系乃至人类关系中，是最亲密、最自发、最纯粹的。无论它可以被家庭的社会特点染上多少不同的颜色，但毫无疑问，它里边有更充沛、更真情的爱。孔子在《礼记》中讲的"立爱自亲始"，就应该是基于这个贯通人类历史的特殊生存关系而做的一个判断。

必须承认，一旦我们进入多种文化的层面，亲子关系的特殊地位就面临挑战。比如源自两希（古希腊、希伯来）的西方文化中，有不少不利于这种地位的倾向。古希腊的宗教、传说与戏剧表现出相当负面的看待亲子关系的态度。赫希俄德的《神谱》所记录的最早神灵之间的关系（它们既是人间关系的反映，又塑造着人间的关系），充满了父子之间、夫妇之间的欺骗、谋杀和反目；古希腊的传说与悲剧则经常表现为家庭的悲剧，最极端者就是俄狄浦斯杀父娶母的厄运。《旧约·创世记》中，耶和华神要亚伯拉罕去将他的儿子献祭，而亚伯拉罕的坚定信仰也就表现在他毫不犹豫地去献这个亲子之祭。基督对于这个世界中的母子关系、家庭关系的非肯定性的看法也为任何读过《新约》福音书的人所知晓。但是，这些都不足以反驳这样一个主张，即人类的自然倾向是最看重亲子关系的，甚至这些文献的大部分也在以曲折的方式支持这个看法。比如，以献亲子祭来做最终的信仰测试，认为杀父娶母乃最凄惨之悲剧，视基督为圣父的"独子"等等，都从另一个角度反映出亲子关系的优先与独特。当然同时可以观察到，这个文化（而非此文化中的人的天然倾向）不特别看重亲子关系，由这个文化生出的技术体系、法律体系和现代生活方式正在摧残这种关系，乃至整个家庭关系。但那是本文不准备涉及的另一个问题。

西方的学术也几乎完全看不到亲子关系的特殊地位。西方的哲学及其伦理学从来没有给予"家庭""孝道"以真正的关注，① 古希腊哲学家们谈的主要美德中没有孝，基督教神学家当然是认为人对于上帝之爱是一切德行的源头；② 即便是突破了许多传统西方哲学的二元化框架的当代西方哲学，比如最富于革命性的生存现象学（海德格尔）、身体现象学（梅洛－庞蒂），乃至女性主义哲学、生态哲学，也还是完全忽视真实的"孝"。③ 那些专门研究家庭史的西方的人类学家和社会学家，所强调的是家庭构成的社会性和多样性，也就是在亲子之间的"纵向"世代联系之外的"横向"的联姻网。在他们看来，

---

① 这方面的开创性研究是由杨效斯先生做出的。见他的《家的哲学纲要》，载《留学哲学博士文选：中西哲学比较研究卷》，牟博编，北京：商务印书馆，2002 年，第 267—335 页。

② 一般说来，古希腊人乃至其他时代的欧洲人并不否认"虔敬"（piety）是一种美德，少数思想家（比如托马斯·阿奎那）也提及家庭对于培养后代道德感的现实意义，但是，他们都不认为"孝"（filial piety）是一种主要的德行，更不认为它是一切德行的源头。古希腊人心目中的"四主德"是智慧、勇敢、节制和正义；奥古斯丁认为基督教的"三主德"是爱、信、望，即对上帝的爱、对戒命的信和对天国的希望。他们都倾向于在人的亲子关系之上或之下寻找某种超越的或更基本的原则，用来解释德行的本性。

③ 犹太裔的法国哲学家勒维纳斯是西方思想者中的一个异数。他在《整体与无限》（第二部分第四节）中不但相当深刻地阐发了"居住"和"家"的哲理含义，还在第四部分第六节中讨论了父子关系，甚至提到"孝敬"（filiality），但他的解释方式与本文有重大区别，其分析方式还是让人感觉不到这是在谈人类实际生活中的孝敬父母及长辈。尤其是，它们都未涉及孝爱，而本文认为孝爱是一切孝敬行为的源头。

亲子的联系出自"本能",而择偶禁忌或婚姻禁忌则出自文化,是后者造成的联姻网构成了原初的社会。所以斯特劳斯讲到"家庭的二元本质",即"它既建立在生物性需求(生儿育女等)之上,又受某些社会方面限制的制约。……家庭总是在天性与文化之间来一个妥协"[①]。从人类学角度看,这讲得很好,但不要忘了,"生儿育女"造成的亲子关系的深远后果,就既不只是生物性的,也不只是社会性的,也不止于它们的妥协折中了。下面的分析将显示,亲子关系或"亲—爱"是一个不可被还原为这些二元化区分中的任何一边,以及它们的简单相加与相持的根本人类现象,是在所有这些存在者状态之先并使得它们可能的一个生成源头。

乙 孝与慈

研究孝爱的哲理含义的起点只能是具有人生血脉联系的亲子关系或亲—爱,而不是任何关于孝的概念探讨和以"天

[①] 《家庭史》第一卷,第6页。

理"名义做出的断言。亲子之爱天然就有慈与孝之别，而历史上的儒家最强调的是孝，这说明孝在儒家看来是更原本的吗？不是的，起码对于孔子不是这样。

关于子女为父母亲守"三年之丧"的古代礼制，孔子的学生宰予（字子我，又称"宰我"）与老师之间有一场著名的辩论。宰予认为三年之丧太长，会耽误礼乐教化的大事，守丧一年足矣。孔子不这么看，他说："予之不仁也！子生三年，然后免于父母之怀。夫三年之丧，天下之通丧也，予也有三年之爱于其父母乎！"（《论语·阳货》）孔子主张，这体现孝爱的三年之丧的根据在于父母亲的深长慈爱，而不只在于它是祖宗之法。"三年"的根据就是"子生三年，然后〔才〕免于父母之怀"这个基本的人类事实和基本生存方式。而且，孔子还将看待亲子关系的方式与仁或不仁联系起来：那从人的生存样式和尺度本身来看待它的就是仁，而以人生根本样式之外的因/果、目的/手段的方式来看待它就是不仁。由此亦可见"仁者，人也"的深义。

由此看来，尽管孝被视为众德之本，[①] 它却不是独立自

---

① 《孝经·明义》："子曰：'夫孝，德之本也，教之所由生也。'"

存的，而是要在与慈的根本关联中获得自身。换言之，它一定要出自亲子之爱这个人伦子宫。那么，为什么会有慈呢？亲代为何会对子代有那么丰富的慈爱呢？一般的回答多半是：亲代"出于本能"就会对自己生出的后代慈爱有加，不然种群或种族就会灭绝。于是可以说，亲代施慈爱于子代乃是自然选择或进化的结果。但这还未充分回答这个问题，或者说，还未充分讲清楚这个回答的含义。如果只是为了延续种群，那么我们还可以设想另一些自然选择的结果，比如设想那样一种"人"类或高智慧动物，它或通过无性繁殖产生后代，或像蛙类、昆虫那样繁殖，就像柏拉图《宴饮篇》里关于原人或"圆人"所说的，而这些后代在出生后很快就能够独自谋生。这样的种群的延续能力或许更高，或起码不低于现实人类。但是，如果我们能在一定程度上表明，人的特性或智慧的特性是与亲子关系的生—成或养育过程不可分的，那样就能比较贴切地揭示，自然对于人的选择就是对仁的选择，或者说是对亲子之爱、首先是慈爱的选择。

可什么是"人的特性"或"智慧的特性"呢？古希腊人的典型看法是，人是有理性的动物，或会说话的动物，因此"理性"（现代人认为它体现于大脑）或"说话"（使用语言）

是人区别于其他动物的特性，智慧也与之有莫大的干系。中国古人不这么看。《说文解字》这么解释"人"："天地之性最贵者。"《尚书·周书·泰誓》曰：

> 惟天地万物父母，惟人万物之灵。

西方的人性观注重找出某种只有人才有的现成能力，以区别人与其他存在者；而中国的人性观则不特别关注这种能力，而是重在理解人在万物之中的地位。"灵"不是任何特别的能力，而只是一种生存的状态，即能让万物灵——活起来的状态。按照中国古代哲理，灵则虚也，虚则灵矣；所以"万物之灵"意味着人处于万物中那不现成、不实在之处，也就是虚活而要求生成之处。外在的观察也符合这样一种看法。人与动物的最明显的区别之一就是其非现成性[①]。昆虫、青蛙、鲨鱼、麻雀、鼠猫天生就有某些能力，能够帮助它们存活下去。人

---

① "现成性"（Vorhanden, ready-madeness）指任何意义上的存在者状态，也就是已经以某种方式获得了对自身的存在规定性。比如西方宗教的神具有某些已被规定了的能力，像全知、全善、爱世人，反对拜其他神，可以用思想或言语创造世界，等等；而中国古人信仰的"天"，则"无声无臭"。这样看，则西方的神是有现成性的，而"天"是非现成的、还有待触机而实现的。

却缺少这类现成的能力，而必须在漫长的时间与家庭、社群中学会生存的技能。"玉不琢，不成器；人不学，不知道。"（《礼记·学记》）因此人的特性首先就在于那虚活待成的婴儿般的"柔弱"，而非已经高高在上的"坚强"。智慧主要体现在"能生成"或"能学会"，以便能够应对那不可尽测的未来变化，而不体现在已经具有了某些特定的能力。而这，正是与亲子关系最相关者。所以孟子讲："人之所不学而能者，其良能也；所不虑而知者，其良知也。孩提之童无不爱其亲者，及其长也无不知敬其兄也。亲亲，仁也；敬长，义也。无他，达之天下也。"（《孟子·尽心上》）人与动物都有良能良知，但人的良能不是特异化的确定能力，如蜂能采蜜、鸡能司晨，而只是"爱其亲"、"敬其长"，在与他们的亲缘共生中获得、学得生存时势所需的能力。这样看来，只有这种亲爱化的良能才是"达之天下"的。

丙 阴阳—夫妇

以上所引《尚书·泰誓》的话将天地视为万物的"父

母"，而人之所以在天地的众子女中最"灵"，是因为人类相对于天地的生存状态最像自己子女相对自己的状态，即那深长依恋天地父母的"孩提之童"，而"天地父母"在中国古代是阴阳乾坤的异名。① 人依恋而不只是依从天地阴阳，从父母处学得非现成的生发能力或创造力，故而最灵。因此，从哲理上理解亲子关系的关键就在于深入追究亲子关系的形成及慈孝的阴阳之义。

只有视阴阳为世界之太极（终极实在），才讲得通"天地［为］万物［之］父母"，因为在这样一个思路中，阴阳生出万物，哺育和成就万物。阴阳不是任何意义上的现成存在（比如不可理解为构成世界的两个最基本的"元素"），而只是原本发生所必须的一对区别性特征（distinctive features）。在这终极之处，一切平常习惯的"存在者"之间的关系——比如对象与对象的关系、主体与对象的关系、主体与主体的关系、因与果的关系、体与用的关系、知与行的关系等——都要失效，而代之以纯发生的、维持发生与所生的、离开所生

---

① 《周易·系辞上》："天尊地卑，乾坤定矣。……乾道成男，坤道成女。"《周易·系辞下》："天地絪缊，万物化醇；男女构精，万物化生。"

而回复到纯发生的不寻常的关系（所谓"道可道，非常道"）。发生（happening, Ereignis）不能无根本性的区别，绝对的自身同一乃至这同一的辩证发展都无真发生可言。所以，"夫妇有别"① 或"择偶禁忌"不仅具有生物学、人种学和社会学的意义，更有《易》发生学的或存在论发生学的含义。

> 天地合，而后万物兴焉。夫昏［婚］礼，万世之始也。取于异姓，所以附远厚别也。（《礼记·郊特牲》）

然而，阴阳之别既然不是存在者之各自分别，而是发生所须之区别，则此区别绝无自性，而必区别于此区别而合和。于是天地合，万物兴。在此上下文中，我们来解读这一段《系辞》：

> 一阴一阳之谓道。继之者善也，成之者性也。仁者见之谓之仁，知者见之谓之知，百姓日用而不知，……鼓万物而不与圣人同忧。（《周易·系辞下》）

---

① 这里将"夫妇有别"理解为男方不能在自己所属的这一群人（某个范围的家族）中找配偶，而必须到与己不同的"他者"或另一群人中去寻找。所以"别"指要结合的男女不能是自家人，必须分别属于某一群人（相互异姓）。

"一阴一阳"乃天地世界之原初的"婚礼"，必"生生"不已。①于是有其所生的"万物"这个大家庭或大家族。继承此阴阳生生之义者为万物之"善"处，成就此阴阳生生之果者为万物之本性。此阴阳生生中有仁爱（慈），有智慧（能学），百姓日日沉浸于其中"用"它而不知其究竟。这样的阴阳大婚、天地夫妇就永在鼓动与生成万物，而不像圣人那样心忧天下。因此，万物中的或现实中的具体夫妇亦有过人之处："夫妇之愚，可以与知焉，及其至也，虽圣人亦有所不知焉；夫妇之不肖，可以能行焉，及其至也，虽圣人亦有所不能焉。……君子之道，造端乎夫妇，及其至也，察乎天地。"（《礼记·中庸》）之所以是这样，就是因为不论现实中"男女构精"的夫妇如何愚暗不肖，但因其是夫妇，就必通于阴阳天地之原发生，其至极处即一阴一阳之道，虽圣人亦有所不知不能也。因此之故，君子之道乃至整个儒家之道，必"造端乎夫妇"，不然无法"察乎天地"。

---

① 《周易·系辞上》："生生之谓《易》，成象之谓乾，效法之谓坤，极数知来之谓占，通变之谓事，阴阳不测之谓神。"

丁 父母、子女与时间

现代的夫妇不必是父母，现代的父母亦不必是夫妇。但对于中国古代的儒家来讲，夫妇必变为父母才算成了真夫妇，才达其"至"，才算"继之者善也，成之者性也"。西方人讲爱，除了对神的爱，就是男女情人之爱（柏拉图《宴饮篇》）。这情人可以同性或异性，但完全不必成夫妇（而且往往正因为不是夫妇才是情人）。对于中国古人，情人之爱只能是异性之间的。男女之爱的根源在阴阳天地之"绉缊"大爱，循天理（礼之本）之情爱是夫妇之爱，但万物中的夫妇之爱如不化为父母之爱，则大多浅陋板结、龃龉不肖，未得其"至"。

从夫妇转化为父母，实际上是从斯特劳斯讲的家庭的"横向"联系转为"纵向"联系，即将男女有别所造成的现实社会中的婚姻转化为世代之间的亲子关联。对于从阴阳太极的视野来思考世界人间的人来说，这种转化不仅是两者的一个"妥协"，而更是阴阳男女本义的进展深化。一阴一阳、一夫一妇之道必生生不息，从横向的、空间的（"附远厚别"）异姓相交，生成血脉相通的纵向生命时间，以及这种时间三维度之间的相交，造就世代节奏与家庭家族样式。《易》的八卦卦象也被这样来解释：

> 乾，天也，故称乎父也；坤，地也，故称乎母；震
> 一索而得男，故谓之长男；巽一索而得女，故谓之长
> 女；坎再索而得男，故谓之中男；离再索而得女，故谓
> 之中女；艮三索而得男，故谓之少男；兑三索而得女，
> 故谓之少女。(《周易·说卦》)

乾（纯阳）与坤（纯阴）相交，导致阴阳爻（基因）的交
换，生成全新的卦象或生存形态。在三爻卦的层次上，生出
三男三女，形成一个八口之家。而且，还须注意，父母或乾
坤与子女（震、巽、坎、离、艮、兑）之间不止是生成者
与被生成者的关系，还有在深层次上的阴阳相交相即的关
系，比如乾坤与震巽之间还有更曲折微妙的阴阳关系。这一
点从阴阳爻组成的卦象而不是个体存在者的角度可以看得
更清楚，因为从卦爻象上看，父母子女都是阴阳的不同样
式，以各自的特征显示出源流与长幼关系。乾坤父母的特殊
地位在于它们的纯阳纯阴的组成方式，并以这种方式清楚地
指示出，它们更靠近阴阳大化的源头。其他六卦，依从下向

上的生成方式或阴阳走向，以独特爻（即三爻中的独阳爻或独阴爻）方式指示出性别与长幼。于是我们看到了生存时间或血缘时间的流动与朝向。"刚柔[阴阳]相推，变在其中矣。……刚柔者，立本者也。变通者，趣[趋]时者也。"（《周易·系辞下》）①

戊 慈的时间性；对海德格尔的一种批判

根据上节的讨论，我们开始理解慈爱的时间性与原发性。慈爱是乾坤父母与子女之间的一种阴阳趋时的生发维持的关系，表现为从父母向子女的阴阳时间的流动。这种流动有两层意思：第一，由于父母之间的阴阳交换产生了子女，导致了流变；第二，子女幼时还不是完整的个体，它们与父母之间不是个体对个体的关系，而是阴阳的不同样式之间的最亲密的关系之一种，表现为子女与父母之间非现实性别意义上

---

① 对此句话，《周易正义》（王弼、韩康伯注，孔颖达疏）解释道："其刚柔之气，所以改变会通，趣向于时也。"

的阴阳相互强烈吸引，以及父母对子女生存的源源不绝的原发怜爱与维持努力。尽管这种亲子、兄弟、姐妹关系可以推广为人与天地、万物、众民的关系（如张载在《西铭》中所讲），但最亲近和最生活境域化的亲子之爱首先是血缘的或家庭的。

在胡塞尔与海德格尔的现象学视野中，时间的原本形态不是可用钟表测量的物理时间，而是由人——不只是个人，也不只是一代人——的体验构成的现象学时间，具有意义构成及存在构成的效应。对于胡塞尔，这现象学时间是意识的原本综合构造出的内在时间，是由围绕着"原印象"的内在视域（原发的"保持"视域与"预持"视域）交融而成的意识之流，构成了原发生的权能域。它及它所归属的先验主体性是一切意识、意义乃至存在的最终源头。对于海德格尔来说，时间首先是人（缘在，Dasein）的原发实际生活体验——这体验在一切二元化（如主/客、形式/质料、普遍/特殊）之先——所生成的生存时间，它为"存在于世界之中"的"缘在"们提供了混世的境域（如水之于鱼），在人的真正切身的生存形态，比如"朝向［自己］死亡的存在"、"做出事先的决断"之中，被充分揭示出来。与传统看重"现在"

这个时间维度的时间观不同，这种缘在的生存时间朝向"将来"，或以将来为重心，而且不认为在此根本的时间视域之上还有什么先验主体性的统辖。所以，对于这两位哲学家，特别是海德格尔，原本时间都是意义生成的子宫。

亲子关系的时间性也应该这样来加以理解。它是由最亲近的体验构成，处于一切主客、彼此的分离之前，含漱着人生最切身的生老病死、悲欢离合，通过世代的交替与延续而回荡盘旋，是缘在在世的或显或隐的意义发生与维持的境域，所以这样的时间流就是人生的意义流。双亲的结合、受孕、怀胎和分娩，乃至养育与栽培后代，是最寻常又最不寻常的人生体验，其中总有深切的希望、恐惧、牵挂（Sorge）与负债（schuldig，责任、负罪）感，由生成着的可能性而非现成性导引着，因而父母亲与子女之间一定会出现原发的时间之流，"若决积水于万仞之豁者"（《孙子兵法·形篇》）。它发自天然之势态，沛然莫之御也，先于一切主体性与客体性。它还不是观念理性，但其中充满了关爱理性与良知良能。

海德格尔思想从基本方法论上进入了这种时间性，但他的天主教与西方哲学的宿根使他只看到个人面对自身死亡时产生的那种"切己的、非关系的和无法被超越的"①自身开启，而不能看到那既是最切己而又是关系的时间性和真态生存方式，②即亲子关系的真态时间性。如前所及，西方传统经典中的亲子关系多是利害式的、目的论的，或起码是外在的，西方现代的经济、社会与法律结构更加强了这个传统，以至于西方学者、包括批评自己传统的中国学者们打量亲子关系的视野完全是个体主义式的，最多也就是主体间性的，从未达到前个体的、前主体间的（pre-individual, pre-intersubjective）自身境域构成（self-constitution in horizons）的地步。"社团主义"（communitarianism）也没有亲子之根、家庭之根。在这样的文化与学术视野中，家庭和亲子关系被视为出自传统习俗、偶然经验或功利追求，往往与"封建主义""宗法制

---

① 海德格尔《存在与时间》讲："作为缘在尽头的死亡，是最切己的、非关系的、[其最终的来临是]可被确知的但同时[其来临的具体细节对于我]是不可确定的、不可超越的缘在可能性。"（德文版第 258—259 页）

② 海德格尔的确谈到了真正切己的团体生存，比如"牵心"（Fürsorge）、"牵挂"（Sorge）的（《存在与时间》，26 节）和"社团的""人民的"（74 节）切己生存形态。但语焉而未详，且其切己性最终还是来自个体经验。更重要的，这些真态的团体生存都未直接涉及家庭（Familie）。即便在他后期大讲"家"（Heim）、"家乡"（Heimat）的著作中，情况也是如此，有血有肉的亲属家庭一直缺席。

度""压抑个性"和"代沟"相挂连，一般被当作人类学与社会学研究的外在对象。

因此，这样的哲学与思想传统的核心处缺少婚配、受孕、怀胎和童年，一起头处就已经是成人个体，甚至是力量型的、反思型的男性成人个体。不可否认，功利化、社会化、政治化了的亲子关系中有西方人看到的各种问题，《春秋》也记载了不少恶性的父子关系；但同样不可否认的是，原本亲子关系——怀胎分娩、哺育成人——中的纯真挚爱、忘我献身、特立独行、动人化己，超出了一切其他的人际关系，包括人神关系。这个问题本身包含的"内在超越"的可能还表现在，亲子关系从来就是"朝向死亡"的，"父母之年不可不知也，一则以喜，一则以惧"（《论语·公冶长》），前辈的死亡总在以逼临（将来）和再临（已经—在着）的方式托浮、张大与升华着这关系。但是，它主要不以个体的方式来面对自身的死亡，而是以亲情的、家庭的和家族的方式来经历之。对亲人（子女、父母）、家庭与家族死亡的哀痛与恐惧，在亲子关系的时间意义流中，要远过于对于自己死亡的悲恐。"不孝有三，无后为大"只是这种哀恐的一个指标而已；"今人乍见孺子将入于井，皆有怵惕恻隐之心"（《孟子·公孙丑上》）是它的一个间接投影。中国古人经历的"超越自我""恐惧与战栗"、动心忍性和见独开悟主要是亲子关系式的或广义的亲子关系（天地为万物父母）式的，而不必要是面对一个超越者（比如神、国家、无限）式的。

己 孝的时间性

自古暨今，中国文化的主导者们"教民追孝"，但"民犹薄于孝而厚于慈"（《礼记·坊记》）。同是亲子关系，相比于慈爱，为何孝爱如此艰难？一个可以设想的回答是：慈出于本能或天性，而孝则主要出于教育与人文环境。换言之，一天然，一人为，所以前者要远"厚于"、深于后者。此"本性区别说"似是而非。首先，如果说慈出自天然，那么孝也并非不天然。"孩提之童无不爱其亲者。"（《孟子·尽心上》）如果说孝不尽天然，那么慈在这个意义上也不尽天然，并没有逻辑的必然来保证现实中的每一位父母都是慈爱的。然而，无可否认，两者之间确有"薄厚"的或量的不同，其原因也只能到慈孝的时间样式的差异中来寻找。如果我们毕竟要承认时间——无论生存时间还是物理时间——有流向，并采取"时间从过去流向将来"的观察角度的话，那么，亲对子之慈爱就是"顺流而下"的，在这个意义上也就是顺势而行、从源到流的。相反，子对亲之孝爱则是"逆流而上"，并在这个意义上是从流到源、或返本报源、慎终追远的。而且，慈爱朝向未来，也就是朝向生成着的新生命；而孝爱则朝向过去，朝向正衰老着、甚至已经消逝了的前辈，"事死如事生，事亡如事存"（《礼记·中庸》）。由此看来，慈爱比孝爱更充沛、更常见的事实，是有时间—意义机制的根据的。就这一点而言，海德格尔的时间观有其道理。

然而，如前所述，内意识时间，特别是人的生存时间不同于物理时间的一个重要特点就是：它不像后者那样只是单向流逝的，而是有着内在的旋涡，或者说是有着三个时间维度——过去、当前与将来——之间相互缠结、相互需要和相互构成的内交织结构的。这一点是现象学的时间分析的关键，胡塞尔与海德格尔都做出了影响深远的阐发。"时间性就是这种原本的在自身之中并为了自身地'出离自身'。"[1]海

---

① 海德格尔：《存在与时间》，德文版，第329页。

德格尔还讲："这个已经存在［即活的过去］源于将来；这也就是说，这个已经存在的（说得更准确些就是：已经存在着的）将来从自身中释放出此当前。我们称这样一个统一的现象——已经存在着的和当前化着的将来——为时间性。"①当然，现象学的时间也是从过去流向将来，但这时间流绝不是"往而不返"，因为这将来从根本上就需要过去，以构成自己并释放出当前。所以海德格尔后期用"自身的缘构发生"（Ereignis）这个词来指示出时间与存在的真义，它的基本意思是：任何"自身"都来自那与（还未实存的）对方的相互缘发构成。所以，对于海德格尔，时间不是匀质流逝的，而总有着各种的缘构发生的结构，其中的一种就是"真正的过去或源头总在将来与我们相遇"。②在这个视野中，我们可以说，"过去"或前辈不但并没有完全过去，而且恰恰是在参与构成着"将来"或后辈，并在这个意义上参与构成着"当前"或现在的这一辈人（我辈）。而超出海德格尔的进一步的理解就是：我辈对子女或后辈的慈爱固然是生存时间流或意义

---

① 海德格尔:《存在与时间》，德文版，第 326 页。

② 海德格尔:《在通向语言之路上》(*Unterwegs zur Sprache*, Pfullingen: Neske, 1959)，第 96 页。

流使然，非如此就不足以接通人生的一个重大意义源，但我辈对前辈的孝爱也绝非是逆自然的人力所为，因为它也是在顺应生存时间本身就有的"反向"（Kehre）或"转向"本性，是对这样一个"前后相随而又相成"的时间结构的深层认可。由此看来，"孺子天然就知孝"就不仅是个可以观察到的人生现象，而且是有着现象学的时间依据的"缘在现象"。

不过，海德格尔毕竟是以"将来"作为生存时间的重心。这既使他的时间观及存在观与西方传统哲学的观点（以"现在"为时间重心）大为不同，又使其很不同于中国古代礼学家们的"反其所自生"或"反本修古"（《礼记·礼器》）的思维朝向，也不同于《易》表现出的"朝向将来"与"朝向过去"并重的时间观与天道观。① 因此，他著作中那么丰富的缘在分析居然完全没有慈孝的地位，而且其他的当代西方哲学家的"我与你""身体""延异"等新学说中也基本上没有慈爱与孝爱的地位。这既会引起中国古代思想家的震惊，又

---

① 比如《周易·系辞下》："夫《易》，彰往察来，而微显阐幽。""往者屈也，来者信［伸］也，屈信相感而利生焉。"《周易·系辞上》："《易》与天地准，故能弥纶天地之道。……原始反终，故知死生之说。""是故阖户谓之坤，辟户谓之乾，一阖一辟谓之变，往来不穷谓之通。"

是很可以理解的。

另一个可以论证孝爱天然性的理由是：如若没有孝的反承与呼应，对于人来讲，慈爱之流也会在具体的体制结构中逐渐枯竭。这实际上也是人类生存时间的"反向"或"转向"本性所规定的。作为"过去"与"将来"在亲子关系上的体现，慈爱与孝爱是一个意义生成结构的两端，不可能只有一边而缺少另一边。一个现实的例子是：在当代社会中，体制化的原因使子女越来越独立、"自由"、不孝，其结果就根本不是新文化主义者们设想的一种更健康的家庭，而是整个家庭关系的淡化与衰退。面对越来越多的不孝或非孝子孙，"觉醒了的父母"的大多数并不会像鲁迅期待的那样是"尽义务的，利他的，牺牲自己"而让子女"完全解放"的，[①]而是干脆不去做这个父母了，因为这让他或她去"利他""自我牺牲"的要求与这觉醒的前提，即个人意识和价值的优先，本是矛盾的。不少"发达国家"中主导民族的人口出生率的下

[①] 鲁迅：《我们现在应该怎样做父亲》："所以一切设施，都应该以孩子为本位。……这样，便是父母对于子女，应该健全的产生，尽力的教育，完全的解放。""总而言之，觉醒的父母，完全应该是义务的，利他的，牺牲的。"（《鲁迅选集》第2卷，北京：人民文学出版社，1983年，第20—21、25页。）

降，是一个指标。克隆技术的到来恰逢其时；当然，既可以是"雪中送炭"之时，亦可以是"火上浇油"之时。

再者，这"反者，道之动"（《老子》40章）的孝道，是人性的升华和更真实的体现，表现出更深邃的人类可能性。它不仅能从观察动物与人类在慈孝表现上的差异（如前所及，动物有明显的慈爱却缺少孝爱）而得到支持，而且可以从思考两者时间结构的可能差别而得到进一步的理解。由于生存结构（生活世界、生活形式）的改变，[①]人类与动物体验到的时间结构必有重大不同。多半与人类幼辈"难于独立"的生存样式（因而需要亲代的更长时间的呵护）相关，人类的时间结构明显地更深远宏大，相应地，人类的记忆和想象能力（Einbildungskraft, imagination）空前增长，使人类能够更直接感受到那些"还不在场"的或非对象的（non-objective）意

---

① 关于这种改变的原因，曾有过不少理论解释，比如语言引起了这改变，或使用工具造成了它，等等。20世纪的哲学与科学的进展使我们怀疑，这些所谓"原因"离"结果"到底有多远。反基础主义的解释可以将这种改变看成是总体生存结构的变异。在福柯的"知识型"和罗姆巴赫（H. Rombach）的生成式的"结构存在论"中，我们可以看到这种摒弃了鸡与蛋孰为先的争论的思考模式。罗氏的著作可参见《结构存在论》（*Strukturontologie*），Freiburg/Muenchen: K. Alber, 1971；《精神的生命：一本关于历史的境象之书》（*Leben des Geistes. Ein Buch der Bilder zur Fundamentalgeschichte der Menschheit*），Freiburg: Herder, 1977。

义势态。因此维特根斯坦写道："我们说，这条狗怕它的主人要打它；但不说：它怕它的主人将要在明天打它。"（《哲学研究》650节，字下点为引者加）这并不说明人类比动物更高级，因为，尽管人类有了某种动物所没有的能力，但也丧失了或根本不具备动物的一些能力；而断定这些人类能力更高级，也只是按照某些人类造出来的标准来衡量而已。"［假如让马和狮子来画神像，那么］马画出和塑出马形的神像，狮子画出和塑出狮形的神像。"（古希腊哲人克塞诺芬尼语，《残篇》15）说孝道是人性的升华，不过是说它使人离动物更远，更能够感受到那些非当前对象化的意义而已。换言之，人相比于动物，更能体验到并回应那些已经不在场了的（nicht-gegenwärtig, non-present）人生经验。

只有在人这里，慈的爱意之流明显地和长久地引发了孝爱的回旋之流，而不是随着时间的消逝、子女的长成而导致亲子关系的解体。之所以会这样，是由于人能够将那从物理时间上看已经过去了的慈爱活生生地保持住，并让它从将来与自己会面。这是一个记忆力的问题，但不是完全对象化的"语义记忆"的问题，而是前对象化的原发记忆的问题，或者说是一个原本的想象力（康德有"先验的想象力"之说）

的问题。一般人记不住"三年父母之怀"的体验,所以有宰予那样的从功利角度对礼教的考虑;而且,即便有个别人有超常的早期记忆,能记住或从别人的叙述中记起三岁前的生活(比如奥古斯丁在《忏悔录》中所写)[①],那也不一定是对"父母之怀"的真切体验。但我们可能在看到其他孩子在父母

---

① 奥古斯丁在《忏悔录》第1卷第8节写道:"据我记忆所及,从此以后,我开始学语了,这也是我以后注意到的。并不是大人们依照一定程序教我言语,像稍后读书那样;是我自己,凭仗你,我的天主赋给我的理智,用呻吟、用各种声音、用肢体的种种动作,想表达出我内心的思想,使之服从我的意志。……听到别人指称一件东西,或看到别人随着某一种声音做某一种动作,我便记下来:我记住了这东西叫什么,要指那件东西时,便发出那种声音。又从别人的动作了解别人的意愿,这是各民族的自然语言。"(奥古斯丁:《忏悔录》,周士良译,北京:商务印书馆,1981年,第11—12页。译文稍有调整)在这段表达中,"我"的记忆可以进入牙牙学语时期,而且它记住的恰是一种比较成人化的学习方式:两岁左右的婴儿已经有了"内心思想"和"意志",已经能懂"指称"的含义,等等。

维特根斯坦在《哲学研究》开篇处引用了这段话,并接着对它做出了一系列深刻的、破除传统思路的评析,达到了"语言的意义来自游戏般的使用"这样的结论。但是,尽管已经有了与"童年"特别相关的"游戏",却仍然没有童年的正式出场。

在奥古斯丁那里,父母对于子女的慈爱直接而又明白地被"主的慈爱"代替:"主,我的天主,……你的慈爱收纳抚慰我,一如我从生身的父母那里听到的,是你用了他[生父],在她[生母]身内形成了我,使我生于此世。……我从她们[生母与乳母]那里获得滋养,这对她们也有好处;更应说这滋养并不来自她们,而是通过她们,因为一切美好来自你天主,我的一切救援来自你天主。"(同上书,第1卷第6节,中文版第7—8页)如果我们说,这种看法与"母亲只生了我的身,党的光辉照我心"的慈爱观是同类型的,恐怕不会被责备为太牵强吧。

之怀时，由换位想象力重新激活已消逝的感受慈爱的体验。这个问题下面会做进一步分析。

孝是朝向前辈亲代，从生存时间上讲就是朝向过去。这"过去"有许多含义。它首先意味着我或我们在还没有反思意识的过去，受到了恩惠，而且是无法用任何对象化尺度来衡量的恩惠：我的被生成（被怀胎、被分娩），[①]被哺养，被照顾，被牵挂，被教育，被栽培。它们对于我来说几乎都是发生性的，我正是由于它们而存在，而有此身（dieser Leib, this body），而是今天这个样子；但也正因为如此，它们对于我是久远的、沉默的、无微不至而又不显眼的、随时都可能再施恩（再次参与我生命的构成）的。由此而组成了我的生命出自其中的边缘境域（Horizont），也就是一个使任何孝爱意识得以出现或被构成所依凭的生存时间境域和慈爱场（field of

---

① 不少受西方个体主义伦理观影响的人（比如鲁迅等新文化运动的人士）会否认"我的出生"中有父母给予的恩惠。鲁迅讲："生物为保存生命起见，具有种种本能，最显著的是食欲。……为继续生命起见，又有一种本能，便是性欲。……性交的结果，生出子女，对于子女当然也算不了恩。""父子间没有什么恩。"（《鲁迅选集》第 2 卷，第 16—17 页）他完全避开、忽视父母养育子女（"三年不离父母之怀"）这个最重要的父母之恩，而笼统地讲"父子间没有什么恩"，实在包含了道理上的一个根本差谬。

parental care）。这个"过去"的另一个意思是，亲辈在我的经历中以趋老的、甚至是趋死的"下行"方式呈现，他们的死亡多半会先于我自己的死亡而来临。因此，对于我辈而言，在"朝向"我自己的死亡之先，我们已经"先行"到了亲辈的死亡中或对于这种死亡的忧虑牵挂之中。"过去"在这里又以逼临着的"将来"的方式出现。所以"父母之年"才是那让我们"一则以喜，一则以惧"（《论语·公冶长》）的时间。

真正的亲辈和幼辈对于我辈不等同于海德格尔所讲的"人们"（das Man，大家伙儿），后者是更广泛、普通的视域交融的人际形态，后于家庭的形态与时间样式，尽管两者也共享着一些特点。家庭三辈还处于原本发生着的时间晕圈（Hof）之中：前辈还没有在生存时间的意义上"过去"，从而需要"再现"或"召回"，幼辈也不是一个等待实现的"未来"，它们都正在共同构成着我辈的当前。三时态或三辈"同存在"（Mitsein）着，但又不止于是"共同混世"意义上的同存在。它们的相互依存与相互成就所构造出的不仅是一个"统一的［世代时间］现象"，而且是原本的意义生成结构。因其终极地相互需要、相互成就，无私可言，因而是诚的源头，也是还不分"我与你""我与他"的纯爱源头。所以，这里的人生形态既不能被归为《存在与时间》中所谓"非真态的"（uneigentlich），或"混世的"、对象化的存在方式，也不是海德格尔所说的那种个人纯境域化的"真态的"（eigentlich）形态，以及从它衍生出的社团真态形态，而应被视为源初的（ursprünglich）样式，也就是海德格尔认为"非真态"与"真态"都是"同等源初的"（gleichursprünglich）的那个意义上的"源初的"生存方式。它既不是不超越，也不是纯粹的超越[1]，它只发生、维持和回到发生之源。所以孝爱朝向的过去不是任何现成的（vorhanden）过去，而是一个以不在场的方式构成着活生生在场的"过去着"。后面的分析会显示，这种孝爱的经验如何不服从任何现成规则的控制，而一定要在生活的实际体验与生成过程中涌出。

庚 孝爱意识在人生时机中构成

孝爱的时间含义还可以从构成孝爱意识的时机化

---

[1]　海德格尔讲"存在是完完全全的超越"（《存在与时间·导言》，德文版第 38 页）。

156

（Zeitigung，产生、成熟）角度加以分析。以上讨论已经表明，孝爱这样一个典型的和独特的人类现象既不仅仅来自习俗、后天教育，也不就源自个人的心理、一般意义上的主体间意识或社团意识（"大家伙儿"意识），与功利意识也没有关系。它的出现与被维持首先来自人类的生存时间形态，而这种时间形态则被理解为意义构成的方式。同时还被显明的是：孝与慈是同一个时间结构——亲子和狭义家庭的时间结构——中相互依存与相互构成的两极，可以视为家庭关系中的"纵向"阴阳。慈爱为阳，健行涌流，云行雨施；孝爱为阴，顺承反辅，含弘光大。因此，孝爱意识的构成必以接通慈爱为前提，尽管不一定以现实中可见的慈爱行为为前提；也就是说，儿女的孝顺不一定要父母的可见的慈行，比如舜的例子。

如果按《说文解字》将"孝"训为"善事父母"，[①]且作广义理解，则慈爱与孝爱在亲子关系的初期，也就是父母与幼儿及幼童的关系中，几乎是天然相通的。此时子女

---

① 《说文解字》第8卷"老"部："孝，善事父母者。从老省，从子；子承老也。"

依恋、顺承父母，在其怀中日新月异，天真烂漫，尽管令父母辛苦劬劳，却也同时为他们带来全新的欢喜与深层的生命意义，致使生存时间的爱意旋涡回漾不已，故不可谓"无孝可言"。当然，就意识层面上看，此时的亲子关系处于慈盛孝弱的状态，尽管谁也不能说两三岁、四五岁的孩童就全然无回报父母之心。接下来，孩子意识能力的发展与孝意识的进展，在一定年岁，比如说十岁之前，几乎是同步的，尽管孩童之间的差异慢慢显露。此阶段之后，自主意识逐渐浮现和发展，[1]孝意识就面临重大考验。从某个角度看，自主意识或主体意识是以自我为中心的意识，它总有要挣脱孝爱意识的倾向。而从生存时间上讲，自我意识具有以"当前"（Gegenwart, present）为重心的主体 / 客体化时间模式，力图顶替慈孝意识的以"将来"（Zukunft, future）和"过去"（Vergangenheit, past）的互构为特点的亲子时间模式。如何应对这两种不同意识、不同时间模

---

① 西方的社会学家与人类学家认为人的基因类型就使之不同于社会化昆虫（如蜜蜂），具有"天生的自我中心性"（innate self-centeredness）。（*Human Societies*, p.24）此观点有混淆概念之嫌，因为婴儿显示出的求生本能与成人的自我中心性或自私性（selfishness）是不同的，前者没有自主意识的牢笼或"中心化"，因而与慈爱是可以天然打通的。

式的可能冲突，最能表现哲理与文化的差异。而且，不同个体之间也有极大差异。有的人，比如舜、曾参，能够顺利地从儿时的孝情过渡到少年、青年时的孝意识，其间无大的断裂，是一个不断深化的过程。与此相反，少数人由于各种原因而在青春期几乎完全投入自主意识，忽视乃至排斥孝亲意识。但大多数人处于中间状态，自主意识的成长使其淡化了孝亲意识，但并未完全割断，并偶尔在特定的时刻与场合又再现之。当然，这其中也有一个从较强到较弱的谱系。不同的时代、不同的文化与环境——比如儒家礼教盛行的环境与现代个体主义文化加上市场经济的环境——中，这部分人的孝亲行为可以有很不同的表现，但它们所从出的生存时间结构，即回旋共行结构（孝亲意识）与当前化的意识团块的流逝结构（自我意识）的杂处，是相同的或类似的。

"子游问孝，子曰：'今之孝者是谓能养，至于犬马皆能有养，不敬，何以别乎？'"（《论语·为政》）能赡养父母，但不能时时敬爱之，这就是走向衰落的周礼环境中的通常情况。可见孝意识不等于那些符合孝亲规则的行为，甚至不等于一切只符合孝亲原则但缺少活生生的时间形态构成的意识。

能赡养父母，是孝的常态；而敬爱父母，则是孝的非常态或发动状态。有了后者，即有前者；但有前者，不一定有后者。而在趋向西方的现代中国社会，前者也不过表现为"常回家看看"的愿望而已。

《孟子·万章上》开头处有一段关于舜之孝意识的对话。孟子的弟子万章问老师：舜到农田里，向苍天哭诉，他为什么要哭诉呢？孟子答曰：因为他有怨慕。万章不解，问道：按照孔子、曾子等先圣先贤，孝子应该做到"父母嫌恶，也劳而不怨"。难道舜对于父亲与后母对自己的嫌恶①产生了怨恨吗？孟子回答的大意是：如果舜能从理念上完全遵守这"劳而不怨"的原则，于是只管自己耕田，尽自己做一个孝子的所有职责，父母不喜爱我，于我又何干？采取这种克己超越的态度，反而是无真孝可言了。只有像舜这样，能让天下之人都喜欢，娶天子的两个女儿，有了万贯财富，却还是为了不能取得顽嚚父母之爱而忧愁

① 舜不得父母之爱的事情，从《尚书·尧典》起，多有记载，如《史记·五帝本纪》："舜父瞽叟盲，而舜［亲］母死，瞽叟更娶妻而生［舜之弟］象，象傲。瞽叟爱后妻子，常欲杀舜，舜避逃；及有小过，则受罪。［舜］顺事父母及后母与弟，日以笃谨。"

怨慕，这才是孝。"大孝终身慕父母，五十而慕者，予于大舜见之矣。"这里的悲怨恰是孝爱的天然发动，渴望与慈爱沟通，不然又何孝之有呢？[①]《礼记·祭义》第八节也讲了这个意思。那里记载孔子违背自己平日告诉学生们的行祭典时的原则——要讲究威仪而又修饰整饬——而在祭典中急急忙忙。弟子不解而在事后发问，孔子回答的大意是：如果总那么整整齐齐、有条不紊地，怎么能在祭祀时的深挚思亲中与先人的神明相交呢？其话外音是：如果没有这种亲代与后代之间的时态相交、慌不择路或"慌惚"悃忱，[②]又哪里有祭祀中的孝义呢？"礼乎礼乎，玉帛云乎哉？乐乎乐乎，钟鼓云乎哉？"（《论语·颜渊》）这不止于一个"要有真情"的问题，而更是一个"要合乎时机地实现出真情"的问题。

---

① 有人会质疑：如果舜的父亲与后母对舜毫无慈爱，甚至充满仇视，舜的孝爱发动又从何说起呢？这不是不自然的矫情吗？但舜确是可以感到某种慈爱的。舜因其父母而有其身，而有"三年父母之怀"，也有当其幼时父与后母的抚养，其父要杀他是在某一个特定时刻之后的事情。

② 《礼记·祭义》："君子致其济济漆漆，夫何慌惚之有乎？夫言，岂一端而已？夫各有所当也。"

辛 构成孝爱意识的两种时机：挫折与养儿

上节讲道，对于大多数超出了童年期的人而言，孝亲意识与主体意识此消彼长。而且，越是需要主体意识或主体对付客体的意识的事业与职业，越是会阻塞似乎只属于童年、过去和不时髦者的孝亲意识的呈现，而现代生活中则越来越充斥着这种职业。如果情况只是这样，那么孝爱就可能主要属于人生的边缘时期和边缘人群，与它的成熟期和主要部分无内在关系。于是也就可以说，儒家学说的源头偏离了人类实际生活经验的主流或成熟部分，而儒家能在两千年中国历史中被"独尊"的事实也就表明中华文明的幼年性与不成熟性。而且这还说明，孝爱意识并非是最人性化、最能体现人类独特之处的生存形态。但情况确实不是那么简单的。由于孝亲的非现成性，或者说总要在生活情境中被生动构成的特点，它不会只与某个人类的特定生理阶段相关，而是完全依凭生存时间的样式而出没。只要有非对象化的、非"现在化"的、过去将来血脉交织的"纵向"生活形态与时间形态出现，就有它的现身与存身之处。

　　有许多生活形态——其中有不少想必已不复存在
了——是适合孝爱意识的生成与维持的，比如宁静自然的
农耕生活。但是，在现代生活中，还有没有能让孝意识成
活的生活时态了呢？这是一个相当大的话题，这里不可能
充分讨论，而只能通过两个例子来表明确有这种时机与生
活形态。第一个时机不是特别限于孝亲意识的，但亦有关，
这就是"遭遇人生挫折"的时刻。"挫折"意味着原来的计
划、打算甚至原则都落空了、失效了，眼前一片空白，脚
下忽然虚空。而"人生挫折"则是重大的、影响一个人生
命进程的"落空"：原来的奋斗目标和散发魅力的对象们
忽然消失或丧失意义，甚至生命本身的意义也在消散，于
是"黑暗"降临于此时。它那么浓重，披着"忧愁""苦
痛""绝望""悲哀"的外衣，遮蔽了一切现成者和可把
持者，让人昏昏欲睡，又夜不能眠，经历到那极度煎熬人
的活生生之虚无。其实，这只是自主意识的黑夜，是它的
"横向"联系造成的人生意义与世界意义的消散，它的来临
倒可能是人生深层意义浮现的契机。当那感受生命意义之
眼经历了失明，开始能在黑暗中摸索，人就面临着重大的
选择：是确立一个黑夜中也能辨认的新的目标，从而重新

组织你的生活，还是继续感受黑暗，甚至更深长地感受它，以等待那非现成者本身的莅临？这里什么都可能发生，从伟大的宗教到悲惨的人生。但我要说，这也是一个回到童年、感受慈爱、参悟人生真义的良机。先不要想什么"天将降大任于斯人也"，也不要想"坏事变好事"的辩证法，而是让这黑暗自行其是，不管它是仍旧黑暗下去，还是慢慢透露出它本身的意思。

慈爱之所以可能在黑夜中浮现，是因为它以及与它相关的生命形态的独特的时间结构或意义生成结构。它是纵向回旋而不是横向构造的，纯依天然的时流势态而行（不靠意愿与算计），因而柔弱咿呀、愚诚无他，就凭生活境域本身的流露顾盼而感人至深。黑暗中的挣扎可能会向神灵呼喊，黑暗引出的回想却带来早年父母的呼唤，和无数次为你塞好被角、轻轻离去的背影（而不是正面的"面孔"）。我们不知她／他们为什么有这样的爱，但恰恰在这"不知"中有最让人安心和动心的东西。经过主体与对象那"剑气纵横"的世界，这含辛茹苦的慈爱含义开始在严冬中结成奇美的雪花，飘舞在遥远家屋的窗前。而慈爱重现之际，也正是孝爱意识生成之时。

另一个重大契机则是"自己养育儿女",即由时间的流动所造成的生存时间样式的重现与叠加。与中国古代的绝大多数圣人与贤人不同,西方的宗教与哲学中的不少关键人物都没有"自己养育儿女"的经验,而这种经验对于大多数人来讲,是进入或接通慈爱经验,从而再次构成孝爱意识的天然的时间结构。时间的纵向结构使每个人都可以自然地经历人生三辈分(前辈—我辈—幼辈)的角色转换,其中尤以第一次转换,即从子女(幼辈)转换到父母(我辈)最有构成孝亲意识的功能。这时,我辈既已成为父母,却又还是子女(相对于前辈),瞻前顾后,"执柯以伐柯",于是反身而诚,乐莫大焉。所以"道不远人,人之为道而远人,不可以为道"(《中庸》10章)。这句引文中第一与第三"人",既非指个体之人,亦非泛指任何人,而首先和主要地指亲子辈分中的人,或亲缘时间造就的人。

从子女到父母,是一次重大的(如果不是最重大的话)人生生存结构的反转(这也是《周易》卦序的构成原则),阴阳势态相交,散发出人生过程本身的滋味,而且似乎特别是为唤醒或重现孝亲意识而设的。"养儿方知父母恩",我辈忽然发现,面对稚弱的子女,人确确实实不是以个体为中心的，那忘我的慈爱如"天上来"的河流，日夜不息。恋情虽然一时热烈，但既无慈爱持久，也往往不如它真挚；理智虽然持久，但毫无慈爱的热烈与其投入本身带有的灵感。慈爱是痴情与谋算的融合与升华。而有想象力的人会反过来（此为"道之动"处）想：当年我的父母亲也是这般待我，我身所受的恩情也是如此纯真深挚！此恩不报，何为人也？而且，正因这慈爱无诉无求、"愚昧"无言，常被无情有理地忽视，就更是令这反观中的良心不得安宁，于是天良中有愧疚羞耻生，非喷发出来而见诸行事不可。在这个意义上，孝爱意识乃道德感之源，由"朝向将来（我对子女之慈爱）"与"重温过去（重现父母之慈爱）"及"重塑当前（我对父母子女之孝慈）"血脉沟通而成。简言之，即从"亲子"反转为"子亲"，而同时构成"亲亲"。因它牵一发动全身，因而儒家视之为"仁之本""德之本"，惜乎罕有从根源处讲透慈与孝的关系，从而显露孝本身的"被动与动人"之处者，以至后世不明孝何以是"天之经也，地之义也，民之行也"（《孝经·三才》）的依据，即它源于人的实际生活的"亲亲"真义，或者说是它的生存时间的含义，动不动就"移孝作忠"，甚至以忠统孝，失了慈孝的至味。

结论

本文要表达和论证这样几个意思:(1)孝亲或孝爱是最重要的一个人类现象,也就是最能体现人性特点的现象。(2)因此,孝爱及其所属的家庭现象中蕴含深刻的哲理(道—理,性理,伦理),并不只是一个社会学、人类学、心理学、经济学甚至一般伦理学的研究对象。(3)孝爱的道—理在其生存时间,对这种时间的分析能揭示孝与慈的关系,以及它在什么意义上与"横向"的社会关系有联系,但又从构成方式上大不同于这些关系的理由。从"男女"到"夫妇",从"夫妇"到"父母",是从社会关系到深层家庭关系的两个环节,尤以第二个环节有重要的孝爱现象学的含义。它们意味着从系统到发生、从主—客到亲亲、从空间到时间、从规定性到生成性、从后天到先天的转化,是一切人类关系、秩序、良知与道德感的起源。(4)慈与孝处于时间总体流向的不同"位置",即"上"位与"下"位上,但更重要的是,两者处于同一个时间结构之中,相互需要、相互补充,共同构成人的亲亲意识。换言之,由于人的时间意识的深远化(它与人类怀孕哺育期的深长，以及相应的记忆—想象力的拉长有内在关联），慈爱之流天然地会反激出孝爱的回流。这种反激没有逻辑必然，会受到文化与环境的深入影响，在不同个体那里的具体表现亦不同，但如同生态，"亲亲形态"也确有自然状态、准自然状态与非自然状态的区别。慈孝是人类的天然状态，总会被正常的人类生存时间结构从总体上生成。（5）孝亲意识只能在人的实际生活经验中被活生生地构成，并在这个非现成的意义上被体验到。而且，生存时间中既有有利于孝爱意识生成的时机或时段，亦有不利于它的时机与时段（比如自主意识上升的时段）。"人生挫折"与"自己养育儿女"是两个有利于孝爱意识构成的时机，后者还具有特别重要的孝爱现象学的含义。（6）"孝爱本源论"之所以能在古代中国出现，一个重要原因是《易》阴阳时间观的存在。不仅易的爻象与卦象有父母子女的含义，而且《易》中的"时义"之深邃宏大[①]和生存

---

① ［清］惠栋："《易》道矣！一言以蔽之曰：时。孔子作彖传，言时者二十四卦，言中者三十五卦；象传，言时者六卦，言中者三十六卦。其言时也，有所谓：时者，待时者，时行者，时成者，时变者，时用者，时义，时发，时舍，时极者。……子思作《中庸》，述孔子之意，而曰：'君子而时中。'孟子亦曰：'孔子圣之时。'夫执中之训，肇于中天；时中之义，明于孔子；乃尧舜以来，相传之心法也。"（《易汉学·易尚时中说》）

化，也会促进人们对于慈孝现象的哲理理解。（7）本文中讲的"时间"不同于物理时间，而可以看作是胡塞尔讲的"内在意识的时间"的生存化、非主体主义化和《易》化。它受到海德格尔讲的缘在（Dasein）的生存时间观的影响，但很不同于后者只朝向将来的个体主义倾向，是一种建立在孝慈经验和家庭体验之上的回旋时间观。所以这种"亲亲时间"或"孝慈时间"就既不只是内意识的，也不只是个体意愿的或准西方宗教的，而是纯意义生成的。

建议阅读书目

1.《尚书今古文注疏》，［清］孙星衍撰，陈抗、盛冬铃点校，北京：中华书局，1986 年第 1 版，1998 年 12 月第 2 次印刷。

2.《今文尚书考证》，［清］皮锡瑞撰，盛冬铃、陈抗点校，北京：中华书局，1989 年第 1 版，1998 年第 2 次印刷。

3.《尚书正义》，［汉］孔安国撰，［唐］孔颖达正义。各种版本皆可。

4.《史记·五帝本纪》，［汉］司马迁撰。各种版本皆可。

5.《孟子》，特别是其中《万章上》《尽心上》。

6.《论语》，特别是其中《泰伯》《尧曰》《卫灵公》诸篇。

7.《……人诗意地栖居……》，海德格尔著，见《海德格尔选集》上卷第三编，孙周兴编译，上海：上海三联书店，1996 年。

8.《工作与时日·神谱》，［古希腊］赫希俄德著，张竹明、蒋平译，北京：商务印书馆，1997 年。

后　记

此单行本的主体部分来自我于 2012 年 7 月 31 日上下午在北大所做讲座的讲稿。此讲座是"第六届通识教育核心课程讲习班"中的一部分。之后，我收到了讲习班组办者发来的录音整理稿。由于此录音稿相当粗糙简略，与我手写的讲稿差距较大，我依据自己的手稿和对有关问题的思考，对它做了实质性的修改、充实乃至改写。

感谢甘阳兄的诚挚邀请，促使我去表述这个对我而言充满思想挑战性的探索，它属于我数年来所做研究的一部分。感谢张静芳女士的细心组织和接待。还要感谢我现在所属的山东大学哲学与社会发展学院给予我的自由研究时间，使我能够集中精力完成此项修改工作。

张祥龙癸巳年初春写于北大畅春园望山斋

中国文化论坛简介

中国文化论坛成立于 2004 年，其宗旨为：立足于 21 世纪中国文明的历史处境，以跨学科的合作方式，从具体问题切入，重新认识中国文明的过去、现在和未来，促进对全球化时代中国文明主体性的理论思考和实践关怀。

论坛于 2005 年 6 月 18 日至 20 日在北京香山饭店召开了"首届中国文化论坛：中国大学的人文教育"，由韦钰任会议名誉主席，甘阳为执行主席。会议论文集《中国大学的人文教育》已由北京三联书店出版（2006 年）。

第二届中国文化论坛年度大会于 2006 年 8 月 23 日至 24 日在北京卧佛寺举行，会议主题为"乡土中国与文化自觉"，由杨振宁、杜维明任名誉主席，黄平为执行主席。会议论文集《乡土中国与文化自觉》已由北京三联书店出版（2007 年）。

第三届中国文化论坛年度大会于 2007 年 8 月 1 日至 2 日在北京卧佛寺举行，会议主题为"孔子与当代中国"。会议名誉主席为金耀基，执行主席为陈来。会议论文集《孔子与当代中国》已由北京三联书店出版（2008 年）。

第四届中国文化论坛年度大会于 2008 年 7 月 5 日至 7 日在广东汕头大学举行，会议主题为"中国人文社会科学三十年"，执行主席为陈春声、朱苏力。会议论文集《中国人文社会科学三十年》已由北京三联书店出版（2009 年）。

第五届中国文化论坛年度大会于 2009 年 7 月 29 日至 30 日在上海社会科学院举行，会议主题为"西学在中国：五四运动 90 周年的思考"，执行主席为童世骏。会议论文集《西学在中国：五四运动 90 周年的思考》已由北京三联书店出版（2010 年）。

第六届中国文化论坛年度大会于 2010 年 8 月 16 日至 17 日在北京举行，会议主题为"中国的可持续发展：挑战与未来"，执行主席为余永定。会议论文集《中国的可持续发展：挑战与未来》已由北京三联书店出版（2011 年）。

第七届中国文化论坛年度大会于 2011 年 8 月 6 日至 7 日在北京举行，会议主题为"理想政体：古今中外的探求"，执行主席为王绍光。会议论文集《理想政治秩序：中西古今的探求》已由北京三联书店出版（2012 年）。

第八届中国文化论坛年度大会于 2012 年 7 月 14 日至 15 日在上

海举行，会议主题为"电视剧与当代文化"，执行主席为王晓明。会议论文集《电视剧与当代文化》已由北京三联书店出版（2014年）。

在首届论坛"中国大学的人文教育"的共识基础上，为推动我国大学通识教育的发展，中国文化论坛于2007年7月26日至31日与清华大学合作举办了首届文化素质通识教育核心课程讲习班。该届授课教师为彭林、甘阳、李学勤、汪晖、刘小枫。

第二届文化素质通识教育核心课程讲习班于2008年6月29日至7月4日在汕头大学举行。该届授课教师为钱致榕、朱鸿林、朱苏力、刘小枫、王绍光。

第三届通识教育核心课程讲习班于2009年7月23日至28日在复旦大学举行。该届授课教师为潘公凯、朱维铮、张汝伦、赵辰、王铭铭。

第四届通识教育核心课程讲习班于2010年8月10日至15日在北京大学举行。该届授课教师为李猛、张旭东、刘小枫、甘阳、强世功。

第五届通识教育核心课程讲习班于2011年7月31日至8月5日在北京大学举行。该届授课教师为陈来、张旭东、吴飞、吴增定、甘阳。

第六届通识教育核心课程讲习班于2012年7月29日至8月3日在北京大学举行。该届授课教师为李学勤、张祥龙、陆建德、刘小枫、王庆节。

中国文化论坛理事会构成

图书在版编目（CIP）数据

《尚书·尧典》解说：以时、孝为源的正治／甘阳主编；
张祥龙著. —北京：生活·读书·新知三联书店，2015.8
（经典通识讲稿）
ISBN 978-7-108-05318-3

Ⅰ.①尚… Ⅱ.①甘…②张… Ⅲ.①《尚书》-研究
Ⅳ.① K221.04

中国版本图书馆 CIP 数据核字（2015）第 104572 号

责任编辑　张静芳
装帧设计　张　红
责任印制　郝德华
出版发行　**生活·讀書·新知** 三联书店
　　　　　（北京市东城区美术馆东街 22 号 100010）
网　　址　www.sdxjpc.com
经　　销　新华书店
印　　刷　北京鹏润伟业印刷有限公司
版　　次　2015 年 8 月北京第 1 版
　　　　　2015 年 8 月北京第 1 次印刷
开　　本　787 毫米 × 1092 毫米　1/32　印张 5.75
字　　数　91 千字
印　　数　0,001-5,000 册
定　　价　32.00 元
（印装查询：01064002715；邮购查询：01084010542）